LE PHILOSOPHE

DEVENU CHRÉTIEN

PAR LA CONTEMPLATION DE LA NATURE.

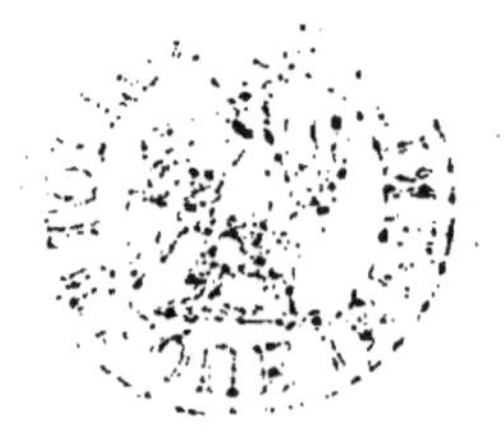

LE PHILOSOPHE

DEVENU CHRÉTIEN

PAR LA CONTEMPLATION DE LA NATURE.

Ouvrage dans lequel on pourra prendre une idée de ce que la Physique, l'Astronomie, la haute Géographie, l'Histoire naturelle et l'organisation du Corps humain présentent de plus grand et de plus curieux.

Avec une exposition abrégée des systèmes des Philosophes anciens et modernes, pour conduire à l'examen et aux preuves fondamentales de la Religion chrétienne.

Par le Cit. P. BARDON, Expert-géomètre.

Vani autem sunt omnes homines, in quibus non subest scientia Dei : Lib. Sap.

A TULLE,

Chez R. CHIRAC, Imprimeur-Libraire.

An XI. (1803.)

A MONSIEUR

MARIE-JEAN-PHILIPPE

DU-BOURG,

ÉVÊQUE DE LIMOGES.

Monsieur l'Évêque,

Un ouvrage qui a pour objet la Religion, devait être mis sous la protection d'un Pontife qui sait la rendre si aimable : en m'acquittant de ce devoir, c'est moins, de ma part, un hommage, qu'un tribut légitimement dû, et justement payé, au zèle si ardent dont votre cœur a toujours brûlé pour le soutien et l'exer-

A

cice de cette même Religion. Mais, que sont ici des spéculations philosophiques et des preuves de raisonnement, pour communiquer à l'impie ce que la loi de grace a de divin ?....

Si, dans cette faible production, j'ai cherché à établir la vérité de nos dogmes, c'est à des Prélats tels que vous, MONSIEUR L'ÉVÊQUE, qu'il appartient d'en faire sentir le charme et l'onction. Ce serait, en portant nos regards sur tout le cours de votre vie sacerdotale, que l'on pourrait se former une idée de ce que nos divines institutions ont de sublime et de grand. Le beau spectacle, en effet, qu'offre à la terre le Ministre du Dieu de paix qui sait ainsi, en sa personne, faire admirer l'exercice de toutes les vertus !

Parvenu à l'Épiscopat, où des qualités si éminentes ne pouvaient manquer de vous élever, dans un temps, sur-tout, où le HÉROS qui gouverne la France, avec tant de gloire, sait faire un discernement si exact du vrai mérite ; votre premier empressement a été de mani- fester au troupeau, confié à vos soins, cette affection pastorale qui commande le respect et attire la confiance. Nous avons connu, dès-lors, combien votre cœur brûlait de cette charité ardente, qui est la source comme la racine de toutes les vertus chrétiennes. Dès-lors, nous avons pû sortir de votre sein paternel ces exhortations si tendres, si pressantes, si pleines d'affection que vous avez principalement dirigées vers ceux qui auraient pû se juger devoir être les moins chers à votre cœur. Mais plus vous avez prévu d'obstacles de ce côté, plus vous vous êtes-excité et avez cherché à les applanir, pour faire à Jésus-Christ et à son Église les conquétes que votre zèle apostolique vous fesait ambitionner.

Graces soient donc rendues à la Providence, et encore une fois, au grand Homme au nom duquel est attachée la gloire de la Nation Française, pour nous avoir donné un Pasteur si recommandable par ses vertus, et si cher au Peuple qu'il édifie.

Heureux le Lévite qui ne ferme pas l'oreille à la voix d'un tel chef, et ouvre son cœur aux accents d'un zèle si pur et si éclairé ; heureux le Fidèle qui sait pratiquer les leçons et suivre les exemples d'un père si affectueux ; heureux encore, nous ne craindrons pas de le dire, heureux l'État où de tels Pontifes savent si bien faire régner la pure morale, étouffer le *germe des discordes, entretenir l'union et la douce harmonie, et enfin, accorder si admirablement ce qu'ils doivent à Dieu et à César.*

Daignez, MONSIEUR L'ÉVÊQUE, en acceptant mon hommage, recevoir l'assurance de mon profond respect.

P. BARDON.

AVANT-PROPOS.

Dessein général de cet ouvrage.

Un Philosophe devenu Chrétien *par la contemplation de la nature*, présente à l'esprit deux idées qui paraissent incohérentes : le Lecteur qui s'appesantirait sur le titre que nous avons donné à cet ouvrage pourrait, au premier abord, ne pas concevoir comment un observateur a pu être conduit aux principes du christianisme, par le dépouillement des merveilles de la nature.

Il nous sera facile, cependant, de faire disparaître ce que pourrait présenter de louche cette intitulation, en entrant, en peu de mots, dans la manière dont cet ouvrage a été conçu et disposé : une courte analyse suffira pour en faire connaître l'ordre et la suite.

La connaissance des Corps doit naturellement précéder toute autre étude; et c'est, aussi, par la Physique, que notre Philosophe s'élève, graduellement, à des démonstrations qui ont pour objets des vérités purement spéculatives.

Après avoir considéré l'ensemble de l'Univers, et porté un œil contemplateur sur les principales parties qui constituent un si magnifique ouvrage, il en conclut que tant de sagesse, tant de grandeur, tant de puissance, ne sont pas les effets fortuits d'une cause aveugle. De si étonnants prodiges décèlent une intelligence suprême, et conduisent naturellement à l'idée d'un premier être souverainement puissant, souverainement sage, indépendant, créateur et conservateur.

Voilà donc un rapport bien immédiat établi entre ces deux propositions: *l'Univers existe; un Dieu en est le Créateur.* Poursuivons:

Après avoir autant admiré les œuvres

il s'ensuit que notre observateur conçoit une grande idée de l'ouvrier. Son esprit qui, en quelque sorte, a été curieux de mettre dans la balance les Corps célestes, s'élève au desir de connaître le grand Être duquel dérivent tant de merveilles.

Pour cela, il se livre à toutes les recherches qu'il croit propres à lui procurer cette connaissance. Il s'enfonce dans l'antiquité, pénètre dans toutes les écoles, et consulte tous les sages qui ont parlé de la divinité, ou voulu expliquer la création de l'Univers : il remonte jusqu'à Thálès et Pythagore, et parcourt toute la suite des hommes fameux qui, depuis ces Philosophes grecs jusqu'à nos jours, ont imaginé des systêmes pour nous faire connaître l'origine et le méchanisme du monde.

Mais quel fruit recueille-t-il d'un si pénible travail?.... Il cherchait la lumière et n'a trouvé qu'égaremens et obscurité. Il s'est vu comme noyé au milieu des contradictions les plus choquantes : il ne trouve que des systêmes toujours renversés par d'autres systêmes, et comme nous l'avons dit ailleurs : il n'apperçoit dans ce recueil d'opinions qu'un mélange monstrueux d'idées contradictoires et absurdes, infiniment plus propres à faire l'histoire des égaremens de la raison humaine, qu'à fixer un homme sage.

Cependant, son desir augmente en raison des difficultés qu'il rencontre, et ayant appris que des peuples se vantaient d'avoir eu des relations immédiates avec ce Dieu, il est entré dans l'examen des Religions, pour voir s'il trouverait dans ces sources plus de lumières que lui en ont fourni ces doctes tant vantés.

Ainsi, notre Philosophe qui n'avait cru d'abord que se livrer à la contemplation de l'Univers, s'est élevé naturellement à l'idée d'un Être créateur et conservateur : nous avons vu que dans les recherches subséquentes où il s'est engagé, pour se former une opinion raisonnable de ce premier Être, il a été forcé de recourir aux

aux écritures révélées, n'ayant trouvé, sur cette matière, que contradictions et absurdités dans les livres des Philosophes qu'il avait premièrement consultés.

C'est ici le dernier pas à faire, et notre contemplateur est maintenant transformé en Logicien qui balance toutes les raisons que chaque Religion présente, pour établir que la vérité est de son côté.

De cet examen, il résulte que les seules Religions des Juifs et des Chrétiens portent en elles les caractères d'une révélation divine; et passant à des recherches plus approfondies, notre Philosophe reconnait, avec surprise, que la Religion des Juifs se trouve, en quelque sorte, comme fondue dans celle des Chrétiens, puisque cette dernière n'est, à proprement parler, que la suite ou le complément de celle établie par Moyse, organe de la Divinité.

Voilà donc toutes les difficultés réduites à cette question de fait qui se divise en deux branches : *Jésus-Christ* a-t-il les

caractères du Messie ou Libérateur promis et annoncé au peuple Juif?.....
En second lieu, ce Messie qui a paru
sur la terre et s'est donné aux hommes
pour celui dont avaient parlé les Prophètes, doit-il vraiment être considéré
comme Dieu et Auteur de la nature?

Ici, notre Philosophe tire ses preuves
du rapport qu'il découvre entre les prophéties et leur accomplissement; de toutes
les circonstances qui ont précédé, accompagné et suivi la naissance de ce Dieu
rédempteur; de la sainteté de sa vie;
de l'héroïsme qu'il a fait paraître dans ses
souffrances; de la grandeur et de la sagesse
qui accompagnent toutes ses réponses, dans
les questions captieuses qui lui sont pro-
posées; de sa profonde pénétration dans
tout ce qu'il y avait de plus obscur et de
plus élevé dans les écritures; des phénomènes miraculeux qui ont accompagné
sa mort; de la *réalité* de sa résurrection;
de la profondeur de sa doctrine, et principalement de son *rapport* avec le vrai

bonheur de l'homme ; de la sublimité et de la pureté de sa morale ; de la certitude des innombrables prodiges qu'il a opérés pendant sa vie ; enfin, de l'établissement de sa Religion.

Il termine par faire le tableau général de cet ouvrage majestueux (*la Religion.*) qui embrasse tous les siècles ; et dont la suite n'a pu être interrompue par toutes les révolutions humaines, qui, au contraire, paraissent y avoir été subordonnées: ouvrage, en un mot, qui porte en lui-même un tel caractère de divinité, qu'à son seul aspect, le cœur et l'esprit sont comme forcés de se rendre à des preuves qui tiennent encore plus au sentiment, qu'à toutes les règles du raisonnement humain.

C'est ainsi que s'est trouvé engagé dans l'examen de la Religion Chrétienne, le Philosophe qui n'avait cru d'abord que contempler l'Univers. En lui, le cœur a été remué là où l'esprit a été si admirablement étonné. » Je sens, dit-il, (en

terminant son chapitre où il traite de
l'homme.) » Que tout mon Être se porte
» vers ce principe unique, duquel il
» émane et tient sa conservation : tout, à
» mes yeux, retrace sa bonté, plutôt encore
» que sa puissance et son immensité.....
» Aurais-je donc une ame pour admirer
» tant de grandeur, et demeurer insen-
» sible à tant de bienfaits ?.... Si je suis
» reconnaissant envers la main qui m'ap-
» porte un verre d'eau, mon cœur restera-
» t-il froid envers l'Etre qui fait couler
» les fleuves ?...... etc. etc. »

Pour tout dire, mon Philosophe a
senti qu'il était un objet très-cher à ce
premier Etre, et n'a pas voulu se figurer
un Dieu de bronze, étranger aux actions
comme aux sentimens des hommes.

Mais après avoir parlé du plan de
cet ouvrage, et de l'ordre que l'on a
suivi dans son exécution, il me reste à
dire un mot sur ce qui en fait, en quelque
sorte, la substance.

En pénétrant dans ce que la physique a

de plus grand et de plus curieux, mon dessein n'a pas été de m'enfoncer dans des détails qui pussent me faire perdre de vue le grand objet que je me proposais : s'il est d'ailleurs des amateurs en ce genre, ils trouveront assez de savants traités qui ajouteront amplement à l'esquisse que j'en ai tracée. Ce n'est pas, non plus, en naturaliste que j'ai voulu parler des quadrupèdes, des poissons, des oiseaux, des reptiles, des insectes, des minéraux, des plantes, des fleurs et de tout ce qui fait l'ornement de la nature. Ici, c'est un observateur sensible, nourri d'idées grandes et générales, embrassant dans leur ensemble les grands rapports qui lient toutes les parties de l'Univers.

J'ai évité, pareillement, d'employer dans cet ouvrage les nouveaux termes que la chymie a introduits, depuis quelques années, dans l'étude de la physique : je sais, néanmoins, que ces termes sont liés à de nouvelles idées que des savants modernes nous ont données sur la nature

des élémens. Mais, au fond, nos connaissances ne paraissent pas devoir tirer un
grand avantage de cette nouvelle nomen-
clature : rendons sensible notre opinion,
par un simple raisonnement sur cette
matière.

Nous avions cru, par exemple, que
l'eau était un *élément*, c'est-à-dire, une
matière simple et première : des observateurs modernes nous apprennent aujour-
d'hui que nous avons eu, jusqu'ici, une
fausse idée de cette substance, en ce qu'elle
est un composé *d'hydrogène* et *d'oxigène*.
Mais quelle idée nous donne-t-on de
ces deux principes constitutifs qui n'agissent jamais séparément, et qui se trouvent
toujours combinés avec d'autres élémens ;
toujours *nuls*, considérés en eux-mêmes ?..
Par l'idée que j'ai de *l'eau*, je connais et
admire le rôle actif que cette substance,
joue dans les grandes opérations de la
nature ; mais, si je la décompose, je me
trouve réduit à une connaissance stérile,
qui me présente deux noms, et rien
de plus.

Aux quatre anciens élémens que nous connaissions sous les noms de *Terre*, *Eau*, *Air*, et *Feu*, on a substitué cinq autres substances simples que l'on dénomme le *Calorique*, l'*Oxigène*, l'*Azoth*, le *Carbonne* et l'*Hydrogène*, dont les diverses unions forment toutes les modifications de la matière; mais ces divers élémens, pris chacun séparément, ne peuvent former ni la terre, ni l'eau, ni l'air, ni rien qui puisse être regardé comme un agent sensible dans le système de l'Univers. Or, je le demande encore une fois: quelle idée peut-on me donner, ou puis-je me former, de la nature d'une substance qui ne peut agir par elle-même, et dont l'effet propre se réduit toujours à une existence passive?

D'ailleurs, nous ne devons parler que pour nous faire entendre, et c'est, sans doute, le premier objet que tout écrivain doit se proposer. Or, d'après cette considération puissante, je suppose que j'aie à donner une idée de la *Flamme*: en consultant la nouvelle *Chymie*, je dirai que la *flamme* est un *composé quaterne* de l'*hydrogène*, du *Calorique*, de l'*oxigène* et de la *lumière*; entendez ceci comme vous pourrez. Mais si je veux, au contraire, m'instruire dans les ouvrages de physique de M. Brisson, cet auteur me dira que la *flamme* est un *fluide subtil* et *lumi-neux*, *qui émane de certains corps qui brulent*. Voilà une définition qui pourra ne pas paraître exacte, aux yeux de nos décompositeurs modernes, mais qui paraîtra conforme aux idées reçues, et, sans contredit, préférable à une analyse sèche et inintelligible, même pour les dix-neuf-vingtièmes des personnes éclairées.

Au reste, je ne prétends ni déprécier, ni révoquer en doute les découvertes utiles, et même lumineuses, dont la chymie a d'ailleurs enrichi la physique. Qui pourrait, par exemple, ne pas convenir de l'excellence des ouvrages d'un *Fourcroy* sur cette matière, et combien les expériences de ce profond observateur

ne

ne sont-elles pas utiles aux arts et aux sciences? Il n'y a point de doute que l'Europe savante ne range toujours de tels auteurs au nombre des génies rares qui ont vraiment éclairé leur patrie, et porté le plus loin les connaissances humaines. Mais mon objet est d'établir ici que ce nouveau langage ne pourrait que jetter de l'obscurité sur la matière que je traite, principalement d'après ma manière de l'envisager; puisque je n'entreprends ici, ni un traité de Physique, ni un traité de Chymie. (a)

J'ajouterai, en terminant, qu'en traitant de la religion, mon dessein n'a pas été de discuter cette matière sous le rapport de la controverse, ni en docteur de l'école. Dans cette seconde partie, comme dans

---

(a) L'auteur si justement célèbre que nous venons de citer parait être entré dans nos vues, lorsqu'il a dit:
» Les idées que nous présentons sur des Êtres qui ont
» joui depuis tant de siècles du titre exclusif d'*Elémens*,
» et auxquels nous enlevons aujourd'hui cette prérogative,
» ne doivent pas empêcher de regarder le *feu*, l'*air*,
» l'*eau* et la *terre*, comme contenant les principes dont
» la plupart des autres Corps naturels sont formés. »

FOURCROY, *Élém. d'Hist. nat. et de Chymie.*

C

la première, j'ai cherché, autant que j'ai pu, à ne faire valoir que les grands principes : les vérités subséquentes seraient d'ailleurs difficilement saisies par ceux que j'ai eu principalement en vue dans cet ouvrage. C'est ici un Philosophe qui raisonne de bonne foi et sans subtiliser ; qui reconnait, néanmoins, la nécessité d'une autorité subsistante, pour empêcher que l'ouvrage de Dieu ne soit bientôt méconnu et défiguré par toutes les folles et diverses interprétations qu'il plairait à chaque esprit d'employer ou de suivre.

On s'apperçoit, sans doute, que j'entends parler ici de l'autorité de l'Eglise ; et en effet, renversez ce principe vous n'aurez plus rien d'établi. (*b*)

Pour se convaincre de cette vérité, il ne faut que considérer l'état actuel des Luthériens et des Calvinistes, et voir en

---

(*b*) » Si rien ne réunissait ceux qui professent la même » croyance, n'y aurait-il pas en peu d'années autant de » systêmes religieux qu'il y a d'individus ? »

PORTALIS, *en son sublime discours, sur l'organisation des cultes.*

combien de *sectes* et *sous-sectes* ces Réli-
gionnaires se trouvent aujourd'hui divisés.
Quelle pitoyable confusion !.... Mais
où la vérité ne se trouve pas, manque
pareillement la sagesse.

Il serait très-difficile, aujourd'hui, de
dire quelque chose de neuf, sur la matière
que j'ai traitée : il semble qu'elle ait été
épuisée par les plus grands maîtres. Cependant, j'ai cru pouvoir la présenter encore
sous une forme nouvelle, et j'ai cherché
à donner de l'intérêt à cet ouvrage, par
la variété des matières que j'en ait fait
dépendre.

On trouvera beaucoup de traités sur
la Religion, excellents, chacun, dans
son genre. Mais *Bossuet* n'a pas écrit dans
le sens d'*Abbadie* ; M. *Huet* n'a pas
marché sur les traces de *Grotius* ; le génie
de *Pascal* est encore dans un genre différent de tout cela. Le Savant *Nieuwentyt*
a composé un excellent ouvrage, pour
démontrer l'existence de Dieu. M.rs
Racine le fils et *Dulard* ont encore traité

de la Religion ; mais ils ont écrit en vers, et quoique ce langage soit réputé être celui des Dieux, il semble, néanmoins, qu'il n'est pas celui qui convient à un ouvrage didactique ou de raisonnement.

Enfin, profitant des lumières de ces différents auteurs, je n'ai marché sur les traces d'aucun, et me suis formé un plan vaste, dans lequel j'aurais voulu faire entrer une substance de ce que ces divers modèles m'auraient offert de plus piquant et de meilleur, chacun, en son genre.

Puis-je me flater du succès ?.... Non, sans doute. Mais je me trouverais bien dédommagé des peines qu'a pu me donner ce travail, si, par ce faible essai, je pouvais exciter des mains plus habiles.

LE PHILOSOPHE

DEVENU CHRÉTIEN,

PAR LA CONTEMPLATION DE LA NATURE.

LE PHILOSOPHE.

Vue générale de l'Univers.

JE porte mes regards vers l'immensité des Cieux, tout m'y frappe d'admiration et d'étonnement. Quel nombre prodigieux d'énormes masses se roulent dans ces voutes azurées !.... Dans quel abyme de grandeur se plonge mon imagination absorbée !.... Quel ordre ! Quel éclat ! Quelle magnificence !.... Avec quelle inconcevable rapidité plusieurs de ces globes sont-ils mûs et emportés dans l'espace ! ...

Mais , ô prodige ! ô sagesse ! ô puissance ! Depuis tant de siècles que s'offre à notre admiration l'ensemble d'un si magnifique ouvrage , aucune de ses parties n'a encore souffert ni altération ni dérangement.

En considérant cet amas de corps lumineux, j'apperçois qu'ils ont un mouvement , et que par ce mouvement, ils paraissent, dans vingt-quatre heures, faire leur révolution entière d'orient en occident. Ce premier apperçu me donne lieu d'admirer comment , depuis leur création, ils ont pu ainsi se mouvoir continuellement, sans se heurter , sans se confondre. (a)

DU SOLEIL.

Passant ensuite de cette contemplation générale et ravissante à un examen détaillé , mon attention se fixe premièrement sur ce globe de feu qui parait donner la vie à la nature : ce soleil qui produit la clarté , qui est la source de

______

(a) Le détail physique et astronomique qui va suivre, pourrait paraître ennuyeux à beaucoup de personnes qui n'auraient pas un goût décidé pour ces sortes de connaissances. Cependant, j'ai taché d'en élaguer tout ce qui m'a semblé devoir le plus les rebuter, pour n'y laisser subsister que ce qui se présente comme le plus digne de piquer la curiosité, et le plus capable de faire connaître l'Univers. Les jeunes-gens , sur-tout, à qui je voudrais plus particulièrement destiner cet ouvrage, pourront y puiser quelques idées propres à les disposer à des connaissances plus approfondies, si ces matières avaient pour eux quelqu'attrait.

la chaleur et des feux ; cet astre que tant de peuples ont cru devoir adorer comme l'auteur de toutes choses : c'est lui qui forme les jours, les saisons et les années ; il éclaire le monde , et de sa chaleur dépend notre conservation. (a)

Si je veux connaître la distance où il est de la terre, je la trouverai de plus de 34 millions de lieues. (b) Cette première décou-

----

(a) Herschel prétend aujourd'hui que le Soleil n'est qu'un corps opaque , enveloppé d'une atmosphère phosphorescente. Cependant , ce qui devrait conduire à l'opinion où l'on est généralement que le Soleil est un composé de matières de *feu* et de *lumière* , c'est la double propriété qu'a cet astre, d'*échauffer* et d'*éclairer* en même temps.

Telle était l'opinion des anciens, entr'autres de *Platon*, *Zénon*, *Pythagore* , *Métrodote* , etc. Et parmi les modernes ; *Kepler*, *Kircher*, *Reita* , *Scheiner* et *Riccioli* ont généralement cru que le Soleil était purement un Globe de feu.

(b) On ne connait pas avec une parfaite exactitude la vraie distance du Soleil à la Terre. Les Astronomes, d'après les meilleures et les plus récentes observations, supposent actuellement la moyenne distance du Soleil à la Terre de 34,761,680 lieues de 2,283 toises.

Cela posé, d'après l'expérience du P. *Mersenne* , digne condisciple de *Descartes* , un boulet de canon qui conserverait toujours le même degré de vitesse , mettrait plus de 24 ans à parcourir cet espace. Que penserons-nous donc de la vitesse de la lumière que cet astre nous envoie , puisque pour faire une si grande traversée , elle n'emploie que près de 7 minutes ?... (*Roemer* et *Newton* ont mis cette vérité hors de doute.)

J'ai supputé , à mon tour, qu'un homme, d'une vie

verte me porte à réfléchir sur deux choses également étonnantes : La première est de considérer quelle doit être la force de la chaleur du Soleil aux approches de sa surface, étant pour nous aussi sensible à une si prodigieuse distance. En second lieu, comment un Corps, d'où dérive continuellement une telle émanation, peut subsister, sans subir aucun épuisement. Il faut donc, me dis-je à moi-même, ou que ce Globe reçoive un aliment perpétuel, ou qu'il soit sans cesse dans un état soutenu de création.

Si nous examinons actuellement sa masse, nous trouverons qu'elle est à celle de la terre comme, 365,400 à 1, à peu de chose près ; que son diamètre est de plus de 300,000 lieues, et qu'enfin il est plus de quatorze cent mille fois plus gros que la terre.

Quelle idée présente à l'imagination un Corps d'une telle grandeur !.... Se meut-il réellement, comme nos yeux semblent nous le faire croire, par un mouvement qui l'entraîne d'Orient en

---

assez longue, chargé de parcourir un semblable espace, emploirait, en supposant qu'il fît régulierement et sans discontinuation 40 lieues par jour, deux mille trois cents quatre-vingts ans, onze mois, douze jours. Et ma vue franchit cet espace immense dans le temps d'un clin d'œil ou d'un seul mouvement de tête.

Occident

Occident ?... Ce Globe immense passe-t-il successivement sur nos têtes et sous nos pieds en 24 heures ? Et dans un si court intervalle, aura-t-il parcouru une circonférence de plus de 208 millions de lieues ?

Pour cela, il faudrait que la rapidité de ce mouvement fut telle, que cet astre parcourût un espace de plus de 2,500 lieues, par seconde de temps. Cela se conçoit difficilement, et si je considère d'autres corps célestes qui paraissent avoir le même mouvement, la difficulté augmentera encore : nous allons en donner la preuve.

DES PLANÈTES ET DES ÉTOILES :

Caractères essentiels qui les distinguent.

Les Étoiles, proprement dites, sont distinguées des Planètes, en ce que les premières sont des corps lumineux par eux-mêmes, qui ne changent point de position respectivement les uns aux autres ; ces Étoiles ne paraissent avoir aucun rapport avec le Soleil, si non par leur nature, et sont placées à une distance de la terre si grande, qu'on n'a jamais pu la mesurer, même, par approximation.

Les Planètes, au contraire, sont des corps opaques sphériques, à peu-près semblables à la terre , et qui paraissent n'en différer qu'en grandeur. Ces corps , par cela même qu'ils sont opaques , ne sont point lumineux par eux-mêmes ; ils ne nous deviennent visibles que par la lumière qu'ils reçoivent du Soleil, et qu'ils réfléchissent vers nous. Aux yeux du vulgaire , les Planètes sont confondues avec les Étoiles, quoiqu'elles en diffèrent essentiellement : nous allons considérer plus particulièrement ces différents astres ; ce qui va nous donner une idée grande de l'Univers.

En observant les Planètes , je les trouve de différentes grandeurs , et placées à des distances différentes de la terre : on en distingue plusieurs désignées par des noms particuliers qui sont : Mercure , Vénus , la Terre , Mars , Jupiter , Saturne , et d'autres , même , qui viennent d'être découvertes en ces derniers temps. Outre ces Planètes que l'on nomme *premières*, il en est de *secondaires* qui sont proprement des *Satellites* : telle est la *Lune* par rapport à la terre ; j'en parlerai plus amplement.

En considérant chacune de ces Planètes sous les mêmes rapports que j'ai observé le Soleil , je me trouverai conduit à des résultats également curieux. Je verrai , par exemple , qu'une des plus éloignées de moi est Saturne , qui, dans sa moyenne distance, est à plus de 330 millions de lieues de la terre ; d'où je conclus que si cette Planète fait sa révolution autour de la terre, elle décrit une circonférence de cercle, dont 330 millions de lieues ne seraient pas même tout-à-fait le rayon ; or, si d'après le rapport connu par approximation du diamètre à la circonférence, je veux évaluer l'étendue de cette ligne circulaire, je la trouverai d'environ deux milliards de lieues ; ce qui supposerait que cette Planète serait assujettie à parcourir un espace de plus de 24 mille lieues, par seconde de temps, dans l'hypothèse qu'elle dût faire, en 24 heures, sa révolution autour de la terre. (a)

Mais que serait-ce encore, si, conformément aux mêmes loix, les Étoiles devaient consommer leur révolution autour de la terre dans le même espace de temps ?.... Ici l'esprit se confond, et s'il était possible de prendre une idée de l'infini, rien ne pourrait

---

(a) Je me sers du mot *cercle* ou *circonférence* pour me rendre ici plus intelligible, quoique la figure que décrit le centre d'une planète, par son mouvement propre d'occident en orient, ne soit désignée par les Astronomes que par le nom d'*orbite*. On avait même cru, jusqu'à *Képler*, que ces orbites étaient véritablement des cercles ; mais ce célèbre mathématicien a découvert que ce sont des *ellipses* qui s'en éloignent un peu, dont le Soleil occupe le centre.

mieux y conduire que les considérations suivantes.

Quoique Saturne soit, dans sa plus grande distance, éloigné de la terre, d'environ 385 millions de lieues, j'ai pu, néanmoins, mesurer cette étendue, et en avoir une connaissance à peu-près exacte, eu égard à des grandeurs de ce genre. Mais si je veux, ensuite, chercher à découvrir la distance d'une *Étoile fixe*, je n'obtiens aucun résultat, et toutes mes recherches deviennent infructueuses.

Pour faire juger, en peu de mots, combien est prodigieuse cette distance, il suffira de dire que la grandeur apparente d'une de ces Étoiles est toujours la même, quoique nous en soyons, en certain temps de l'année, tantôt plus près et tantôt plus loin, d'environ 69 millions de lieues. Or, que penser de l'immensité d'une telle étendue, quand celle de 69 millions de lieues n'y est seulement pas sensible?....

Il est donc absolument impossible de connaître cette distance, même, par approximation, parce que les Étoiles n'ont pas de *parallaxe* sensible. (*a*)

(*a*) *Parallaxe* est un terme dont se servent les Astronomes, pour marquer la différence qui existe entre le lieu du Ciel où un astre paraît, étant vu de la surface de la Terre, et le lieu où il nous paraîtrait si nous le voyions du centre de la terre ; autrement, c'est l'arc du Firmament compris entre le lieu véritable et le lieu apparent de l'astre qu'on observe.

Mais si je desire de faire encore mieux sentir combien est inconcevable cette distance, je supposerai la parallaxe absolue d'une Étoile être seulement d'une *seconde*, et d'après cette supposition, la distance de cette Étoile au Soleil sera de 7,170,083,163,520 lieues. Or, n'ayant point de parallaxe sensible, elle est sûrement beaucoup plus éloignée ; mais quand elle ne serait qu'à cette distance du Soleil, la ligne circulaire qu'elle aurait à décrire, dans 24 heures, serait de 45,069,094,170,697 lieues ; conséquemment elle aurait à parcourir plus de 500 millions de lieues, par seconde de temps. Ce que mon esprit ne peut concevoir, et ce qui me porte à regarder comme fausse, l'idée qui me présente le Soleil et les Étoiles, faisant leur révolution entière autour de la terre, dans l'espace de 24 heures : Passons à d'autres observations.

Après avoir considéré cette infinité de corps lumineux sous le rapport de leur éloignement, je cherche à me les représenter, sous celui de leur grandeur ; et c'est ici, qu'empruntant le langage d'un Poëte célèbre, je puis dire avec raison que *l'esprit se confond et que l'imagination s'épouvante* : je découvre, d'après le calcul que je viens d'établir, que si une *étoile* avait seulement une *seconde* de diamètre apparent, son diamètre réel serait d'une plus grande étendue que la distance de la terre au Soleil. Quels globes immenses ! Quel ouvrage que l'Univers !.... (a)

En descendant de ces hautes contemplations, j'abandonne, sans hésiter, le systême des Physiciens qui plaçaient la terre au centre de l'Univers, en voulant que tous les Corps célestes fussent mûs, pour consommer leurs révolutions dans 24 heures autour de notre Planète. Je considère qu'en supposant notre globe tourner sur lui-même, dans cet espace de temps, toutes les autres difficultés s'applanissent, et une cause si simple m'explique tout ce méchanisme, en éloignant ces mouvemens inconcevables qui effrayaient mon esprit et absorbaient mon intelligence.

SYSTÊME

D'après lequel le Soleil est placé au centre du monde.

Voilà donc que tout se découvre à mes yeux ou se présente à mon esprit sous une

---

(a) Voyez pour tous ces détails, les élémens d'astronomie de Cassini, de Lalande, et les mémoires de l'Académie des sciences : ouvrages presqu'entièrement fondus et analysés, dans l'excellent dict. raisonné de physique de M. Brisson, aux mots : *Étoiles fixes, Planètes, Soleil,* etc. etc.

nouvelle face ; ce n'est plus la planète qui me porte que je regarderai comme immobile ; je juge, au contraire, qu'elle doit m'emporter par un mouvement rapide, et qu'en même temps qu'elle parcourt son orbite, elle fait un mouvement de *rotation* sur son axe, qui me fait appercevoir le soleil pendant un temps, et me le fait disparaître dans l'autre : qu'ainsi, des ténèbres je passe à la lumière, et que de la lumière je suis replongé dans les ténèbres : poussons notre curiosité plus loin.

Je veux connaître la vîtesse avec laquelle la terre est entraînée par son mouvement propre, et la révolution annuelle à laquelle elle est assujettie : je trouve qu'en divisant la circonférence qu'elle décrit dans l'espace, son moyen mouvement journalier sera de 59 minutes, 8 secondes, et environ 20 tierces ; ce qui ne fait pas entièrement un dégré, ou la 360.me partie de cette circonférence. De sorte que, vû l'étendue de la ligne circulaire qu'elle a à parcourir, sa vîtesse moyenne est de près de 7 lieues par seconde de temps, ce qui donne par jour 604,800 lieues que je parcours dans l'espace. Si, ensuite, je suis curieux d'évaluer son mouvement de rotation sur son *axe*, je trouverai que chaque point de son *équateur* parcourt environ 238 toises par seconde de temps, ce qui revient, à peu-près, à une étendue d'environ 380 lieues par heure. (a)

MOUVEMENT RÉGULIER DE LA TERRE;

Force centrifuge et force centripéte.

En considérant la terre se mouvant ainsi dans l'espace, la verrai-je abandonnée à elle-

---

(a) En me servant ici des termes d'*axe* et d'*équateur*, j'ai cru devoir mieux développer ma pensée au lecteur qui, sur ces connaissances de la sphère, n'aurait pas des idées bien précises.

On appelle *axe* de la terre une ligne droite que l'on supposerait la traverser par le centre, et dont les deux extrémités seraient terminées à sa surface, l'une au nord et l'autre au midi : ces deux points sont nommés pareillement *les poles*. Si l'on conçoit ensuite un cercle qui enveloppe la terre et la partage en deux parties égales, l'une vers le nord et l'autre vers le midi, ce cercle sera l'*équateur*.

On sent de cette définition que si la terre tourne sur elle-même, ou sur ce que nous avons appellé son *axe*, l'équateur ou les points de la terre qui y correspondront seront ceux qui auront le plus grand cercle à décrire et le plus de chemin à parcourir. Si nous concevons ensuite d'autres cercles parallèles à l'équateur et enveloppant la terre, en allant vers chaque pole, ces cercles deviendront d'autant plus petits qu'ils s'éloigneront davantage de l'équateur ; et enfin ils se réduiraient à zéro, s'ils étaient continués jusqu'aux deux extrémités de l'axe. Or, chaque cercle employant également 24 heures à faire sa révolution, il est évident que chaque point du plus grand cercle aura plus d'espace à parcourir, en raison de son plus grand diamètre ; et qu'allant progressivement des plus grands cercles aux plus petits, ces derniers seront ceux qui tourneront avec le moins de vitesse. Qu'enfin, ce mouvement sera d'autant moins sensible que l'on s'approchera davantage des poles, et se terminera par être nul, à chaque extrémité de l'axe.

même

même , et me représentera-t-elle un corps
errant dans les cieux, et se précipitant indifféremment vers tous les points où la portera la
force qui la fait mouvoir ?......non : sa marche sera régulière et toujours uniforme. Une
première impulsion que je connais sous le nom
de *force projectile* lui a été imprimée , et ce
premier mouvement la porterait à parcourir
une ligne droite, à laquelle on ne pourrait
concevoir de terme , si une seconde force égale
dans son principe , ne résistait à cette première
en sens opposé. Il se trouve dans tous les corps
un principe qui les porte à s'attirer mutuellement , d'après certaines loix connues et établies
dans la nature. Ce principe qui réside dans
le Soleil , comme dans tous les autres corps,
fait que la terre tend toujours à s'en approcher ;
et de la combinaison de ces deux forces réunies,
en résulte une ligne circulaire que décrit la
terre , sans jamais sortir de la distance où
elle a été placée , respectivement au Soleil,
centre de son orbite.

RECHERCHES SUR LE PRINCIPE

Du mouvement et de la pesanteur.

Ici, je m'arrête et mon esprit me porte à
réflechir sur cette cause première que je ne

E

connais pas, et que je regarde comme étrangère à tout ce que j'ai vu jusqu'à présent.

En contemplant le Soleil, la terre et les autres planètes, j'ai pu en découvrir les distances respectives, en évaluer les masses, et fixer même jusqu'aux loix de leurs mouvemens. Mais le principe de ce mouvement !.... mais la cause qui le produit !.... Dirai-je qu'il est inhérent à la matière ? .... Cette supposition répugne à l'idée que je me forme de la matière-même, et ne jete aucune lumière sur mes recherches. La seule, la première, je dirai même la propriété constitutive de la matière est *le repos* : oui, si je devais chercher une ame à la matière, je la ferais consister dans l'inertie. Je ne vois rien autour de moi qui ne me confirme dans l'idée que je m'en forme sous ce rapport....? Doit-on s'amuser à combattre les idées neuves que l'on a voulu émettre à ce sujet, en faisant résider le principe du mouvement dans l'élément que l'on a nommé le *calorique ?* .... et qui a imprimé à ce calorique cette force et cette intelligence réunies qui fixent une planète dans son orbite ? Qu'il est vigoureux et sage ce *calorique* qui a la force de mouvoir une planète telle que Jupiter, entraînant ses quatre Satellites, et décrivant si régulièrement son orbite autour du Soleil qui la maîtrise sans cesse.

Considérons une horloge et admirons-en la structure ; suivons-la dans ses rouages et tous ses engrenages ; nous découvrirons comment toutes ses parties sont liées entr'elles, et comment elles peuvent se communiquer le mouvement de l'une à l'autre ; mais encore une fois, où trouverons-nous ce mouvement ?... Le ferez-vous dériver de toutes les parties de ce corps, si bien organisé que vous le supposiez ?.... Toutes ces roues sont immobiles comme la pierre, et tout le merveilleux que je pourrai découvrir dans leur justesse et leurs proportions, ne fera rien à l'action que j'en attends.

Nous voilà donc forcés de recourir à un corps étranger à tout ce méchanisme : ce corps, je le veux, imprimera par son poids, un mouvement à toutes ces parties qui, avant son action, étaient immobiles ; mais prétendrez-vous, actuellement, que le principe de ce mouvement réside dans ce corps que vous avez fait intervenir ?.... Qui me rendra raison de la cause qui réside en ce corps, et le porte à peser vers la terre plutôt que dans un sens opposé ?.... On dit facilement que tout corps pèse plus ou moins d'après nos idées : mais pénétrons plus avant ; et cherchons à connaître le principe et la cause de cette pesanteur ?.... Voilà les *Newtons* eux-mêmes au terme des connaissances humaines.

Cependant, je veux, lecteur, vous mettre à vôtre aise, et supposer que vous m'ayez expliqué le principe de la pesanteur ; il s'ensuivrait de-là que la terre devrait tendre sans cesse à se réunir au Soleil sur lequel cette planète gravite ; mais je vois qu'elle ne s'y précipite pas, parce qu'une seconde force tend à l'en éloigner continuellement, et mettant son action en équilibre avec la première, il en résulte un mouvement composé en ligne courbe. Quel sera maintenant le principe de cette seconde force, agissant concurremment avec la première ?.... Qui a établi cette égalité de puissance qui fait que l'une ne maîtrise jamais l'autre ?.....

Ne me vois-je pas, ici, forcé de reconnaître la main puissante d'un Agent suprême qui exerce un plein empire sur tout ce qui est créé ?.. D'un Être en qui réside essentiellement le souverain pouvoir et l'intelligence absolue.

Néanmoins, je ne m'arrête pas là : je considère si d'autres corps semblables à la terre sont, comme elle, assujetis au même mouvement : j'en découvre plusieurs se mouvant dans le même sens autour du Soleil, et ces planètes ne diffèrent de la nôtre que par leurs masses, et la distance où elles sont de leur centre commun.

Les unes telles que *Vénus* et *Mercure* sont très-près du Soleil, tandis que *Jupiter*, *Saturne* et autres nouvellement découvertes en sont à des distances prodigieuses.

Notre terre semble tenir un milieu parmi ces différents corps, et sa position, respectivement à l'astre qui paraît lui donner la vie, se présente comme la plus avantageuse. Ses divers mouvemens la tiennent dans un état de variété qui bannissent de son séjour l'uniformité monotone et ennuyeuse. Elle n'est exposée, ni aux feux qui brûlent Mercure, ni sujete à ce froid mortel qui doit se faire sentir dans Saturne. Dans le cours d'une année, elle a passé par les quatre saisons qui semblent se combiner si admirablement, pour tirer de son sol les productions les plus variées et les plus appropriées aux besoins de l'homme. (*a*)

(*a*) En parlant ici des quatre saisons, j'ai uniquement en vue les pays qui se trouvent situés dans les zones tempérées, où vivent plus des trois quarts de la population de la terre ; car ce n'est ni sous la zone Torride, ni sur les terres polaires que les hommes ont voulu fixer leur séjour.

O le beau spectacle que l'Univers , pour l'observateur qui sait le contempler ! Quelle diversité de corps et de mouvemens ! On croirait, jusqu'ici, que le Soleil a la prérogative spéciale d'être une masse centrale et attirante , autour de laquelle doivent se rouler, dans l'espace, ces globes immenses qui semblent n'être créés que pour dépendre de cet astre lumineux. Mais non : ces globes eux-mêmes, nageants dans les cieux , deviennent, à leur tour , d'autres nouveaux centres qui attirent à eux des *satellites*, autrement nommés *planètes secondaires* ; telle est la Lune à l'égard de la terre.

Rien , en effet , n'est plus digne d'admiration que la tendance mutuelle ou réciproque de tant de corps qui paraissent en même temps , se chercher et se fuir. Celle-là , par exemple , (*Saturne*) sera placée à 330 millions de lieues de nous , tandis que cette autre (*Vénus*) n'en sera qu'à 8 millions. Jupiter , comparé en grosseur à la *terre*, excédera cette dernière dans le rapport de 1,479 à 1 , tandis que *Mercure* n'approchera de cette même terre que dans la proportion de 3 à 43. L'une , (*Mercure*) achevera sa révolution autour du Soleil dans l'espace d'environ 88 jours, tandis que *Saturne*

emploira près de 30 années à consommer la
sienne, ayant à parcourir une ellipse de deux
milliards de lieues. La terre aura un satellite;
Mercure, Vénus ni Mars n'en auront point.
Jupiter en aura quatre, et Saturne sept, sans
parler de son anneau. *Herschel*, enfin, qui
vient d'être découverte de nos jours, en a six,
et se trouve fixée dans une ellipse qui la retient
à plus de 660 millions de lieues de la terre,
l'assujétissant à une révolution autour du Soleil
qu'elle ne consomme que dans 83 ans.

Voilà, en apperçu, les différences qui distinguent ces planètes primitives sous les rapports
de leurs masses, de leurs satellites, et de l'étendue des ellipses qu'elles ont à parcourir. Consi-
dérons-les rapidement par leurs mouvemens
propres *ou de rotation*.

Jupiter qui a un diamètre de plus de 32
mille lieues communes, n'emploie pas, cependant, tout-à-fait dix heures pour achever sa
révolution autour de son axe ; tandis que la
terre qui n'a qu'un diamètre de 2865 lieues,
emploira près de 24 heures à consommer la
sienne : de sorte qu'ici plus une masse est lourde
et volumineuse, plus elle a réellement d'agilité.
La lune qui n'a qu'un 41.me de la grosseur
de la terre, emploie à faire sa révolution sur

son axe, environ 27 jours; c'est-à-dire autant de temps qu'elle en met pour consommer sa révolution périodique autour de la terre: ainsi, dans le temps qu'un point de l'équateur de Jupiter parcourt un espace de 6,500 toises par son mouvement de rotation, un point de l'équateur de la lune n'avancera que de 15 pieds. O puissance du Créateur! Quelle variété de mouvemens dans les corps célestes!... Faut-il d'autres preuves pour établir qu'un agent supérieur maîtrise, à son gré, cette matière, et qu'il a agi librement dans la formation de ce grand ouvrage?

DES COMÈTES.

Tous les Physiciens sont d'accord que les *Comètes*, qui se meuvent dans notre monde planétaire, ne sont que de grands corps opaques de nature égale à celle des planètes. On les nomme *Comètes* du mot latin *Coma* chevelure, figurée par cette traînée de lumière que ces grands corps laissent après eux, lorsque nous les appercevons aux approches du Soleil. (*a*)

―――――――――――――――――――――

(*a*) Les Physiciens ne sont pas d'accord sur l'origine ou la cause de cette traînée de lumière que les Comètes laissent après elles, appellée communément leur *queue*. M. Newton attribue ce phénomène à la légéreté des parties les plus tenues que le Soleil, par sa chaleur, élève de la tête et de l'atmosphère de ces corps, lorsqu'ils sont vers leur périhélie. ―――― M. de Mairan, pense, au contraire, que les queues des comètes ne sont que des parties de l'atmosphère solaire dont ces comètes se sont chargées, et qu'elles entraînent avec elles, lorsqu'elles sont près du Soleil: voyez sur cela son traité physique de l'*aurore boréale*.

Ces

Ces nouvelles masses de matière sont comme les planètes assujeties à faire leur révolution autour de l'astre central, mais avec lequel elles paraissent avoir un rapport tout-à-fait particulier.

Des astronomes tels que le Monnier, Newton, Halley et quelques autres ont observé que l'apparition de plusieurs de ces comètes était réglée sur des intervalles de temps égaux ; qu'une, entr'autres, paraissait à chaque intervalle de 575 ans, ayant été vue immédiatement après la mort de Jules-César, ensuite l'an de l'ère chrétienne 530, puis au mois de février de l'an 1104, et sur la fin du dernier siècle en 1680, de sorte que son retour doit correspondre à l'année 2255.

Je peux donc considérer les comètes, sous plusieurs rapports, comme n'étant, en quelque sorte, que des planètes. Mais quelle Différence de mouvement ! .... Quelle nouvelle figure ces corps paraissent-ils décrire dans l'immensité des Cieux ! ils se trouvent en certains temps, si prodigieusement éloignés du centre qui les retient, que leurs masses échappent entièrement à ma vue, tandis que, plusieurs siècles après, nous les verrons comme confondues avec le soleil ?..... Nous avons remarqué

E

que les planètes tournent autour du Soleil dans des orbites qui approchent beaucoup du cercle, et sont presque toujours à une égale distance du centre de cet orbite, *le Soleil*. Ici, nous verrons toute autre chose : les Comètes se meuvent dans des *ellipses* fort excentriques, formant des orbites extrêmement allongées. On n'a jamais pu ni calculer, ni apprécier la distance prodigieuse où elles sont du Soleil, étant parvenues à leur *Aphélie* : M. Newton pense que dans leur cours périodique, les Comètes pénètrent bien au-delà de l'orbite de saturne. Y aurait-il de témérité de notre part à conjecturer que ces corps paraissent destinés à fixer les limites de notre monde planétaire ?

En raisonnant par analogie sur les loix connues, relativement aux corps célestes, nous devons supposer que le mouvement par lequel ces masses se meuvent autour du soleil, doit être d'autant plus accéléré qu'elles sont davantage raprochées de cet astre, et que par la raison contraire, ce même mouvement est d'autant plus ralenti qu'elles en sont plus éloignées. Conséquemment, non seulement nous verrons une planète différer d'une autre en vitesse, dans le cours de son orbite ; mais nous verrons les mêmes masses, tantôt emportées par un mouvement dont la rapidité est inconcevable, et tantôt se traînant dans les Cieux, y paraissant suspendues au sein du repos ou de l'inertie.

A combien de loix diverses cette matière n'a-t-elle pas été assujettie ?...... Toujours mue en tant de sens différents et si régulièrement ordonnés, ne prouve-t-elle pas qu'un agent supérieur à elle en est le dominateur suprême ?.... Que vos froides combinaisons sont faibles, esprits orgueilleux, pour détruire en l'homme qui réfléchit et qui médite, ce sentiment qui l'élève à l'idée sublime d'un être créateur et souverainement puissant !...

LES PLANÈTES SONT-ELLES HABITÉES ?

On sent, de reste, que cette question est plutôt curieuse qu'essentiellement liée à mon objet ; il n'est pas, en outre, très-facile de la résoudre. Mais la ressemblance que de grands philosophes anciens et modernes ont trouvée entre les planètes et la terre, leur a fait penser qu'elles étaient destinées à recevoir et nourrir des êtres vivants et intelligents comme nous : delà, ils ont conclu qu'elles devaient être habitées.

« On voit, disent ces Philosophes, plusieurs

« planètes tourner autour du Soleil ; la terre
« est la troisième. Ces planètes tournent toutes
« dans des orbites elliptiques , et toutes ont
« un mouvement de rotation sur leur axe.
« Comme la terre , elles ont des inégalités ,
« des montagnes (jusqu'à dire *des mers* et *des*
« *forêts*.) Il y en a plusieurs qui ont des
« satellites , et la terre en est une. Enfin ,
« il n'y a pas un seul caractère de ressemblan-
« ce qui ne s'observe réellement entre la
« terre et les planètes. Est-il possible , d'après
« tant d'analogie , de supposer que l'existence
« des êtres vivants et pensants soit restreinte
« à la terre ? .... Sur quoi serait fondé ce
« privilège « ? ....

Le célèbre Fontenelle paraît , entr'autres ,
avoir adopté cette opinion , et tout le monde
connaît son ouvrage ingénieux *de la pluralité
des mondes*. Il ne prétend point , à la vérité ,
mettre des hommes dans les autres planètes ;
il veut que ce soit des habitants de toute autre
nature , sans doute , analogues aux climats ou
températures de ces globes divers. Huyghens ,
au contraire , dans son ouvrage *des mondes planétaires* , prétend sérieusement que ces habitans
doivent avoir les mêmes arts et les mêmes sciences
que nous : j'avoue qu'en admirant les grandes

connaissances de cet illustre physicien, je suis loin d'adopter un pareil systême, en ce qu'il me paraît dépourvu de probabilité et de toute vraisemblance; voici, à mon tour, mes conjecture.s

Je commence par déclarer qu'en réfutant ces opinions, (parce qu'en cela il est permis à chacun d'avoir la sienne,) mon intention n'est pas de chercher ici à limiter la puissance du Créateur; mais il me semble que si ces philosophes avaient considéré, par exemple, que dans *Mercure*, nos eaux y seraient dans un état continuel d'ébullition, vû sa grande proximité du Soleil, comme dans *Saturne* en état perpétuel de congélation par la raison opposée; il me semble, dis-je, que de tels inconvéniens devraient ne pas faire adopter si facilement des idées qui paraissent tenir plutôt du merveilleux que du vraisemblable. Je m'attends ici à une observation que presque tout le monde va me faire, et à laquelle il sera également très-facile de répondre. Vous raisonnez, m'objectera-t-on, d'après vos préjugés qui vous persuadent que tels dégrès de chaud et de froid ne sont pas compatibles avec des êtres vivants; mais ce qui vous égare, est de confondre la nature de ces êtres avec la vôtre:

les uns seront aussi propres au feu, que les autres au plus grand froid ; et chaque planète aura ses habitants, qui, transplantés sur une autre, y seraient privés de tout principe de vie. Le Soleil, même, aura ses salamandres.

En se renfermant dans le cercle des hypo-thèses, ce raisonnement paraitrait spécieux jnsqu'à un certain point ; mais voici ce qui semble devoir le ruiner de fond en comble; je dis à mon tour :

Vous mettez en principe que tous les corps célestes ont leurs habitants propres ; ou, pour m'expliquer plus clairement, des habitants d'une nature convenable à chacun de ces corps. Cela posé, vous ne pouvez aussi refuser aux *Comètes* le privilège d'être habitées, sans être en contra-diction avec vous-même, d'autant mieux qu'il est démontré aujourd'hui que les Comètes sont des corps opaques, semblables, en tout, aux planètes, et n'en différant que par la grande *excentricité* des orbites qu'elles ont à décrire autour du Soleil. Or, cela posé, que deviendront ces mêmes habitans quand, dans un temps, ils seront par leurs planètes comme jetés dans le soleil, tandis que dans d'autres temps, ils seront reportés par cette même planète, à une distance si prodigieuse de cet astre, que l'influence de sa chaleur sera comme insensible pour eux ?.... Comment accorder ainsi deux extrêmes sur les mêmes êtres animés, à moins de supposer que dans l'intervalle du grand chaud au grand froid, ils changent insensiblement de nature et se métamorphosent successivement.

Les partisans du système de la pluralité des mondes ont été encore bien plus loin : ils ont prétendu que les étoiles, paraissant être des corps lumineux et immobiles, étaient chacune autant de Soleils, autour desquels d'autres planètes fesaient leurs révolutions ; et voilà tout l'étalage et toute la magnificence des systêmes planétaires. Ces idées sont grandes, hardies, brillantes, si l'on veut ; mais au fond !.... On s'élève à une grande hauteur pour raisonner sur les effets, et jamais on ne veut toucher à la cause. Si l'on feint de la chercher, c'est pour mieux la méconnaître ; et pour ne pas soumettre une raison faible et bornée, nos faiseurs de systêmes donnent pour des démonstrations des idées si visiblement absurdes, qu'on les prendrait, à juste titre, pour le délire d'une imagination déréglée. Mais nous aurons occasion de les suivre dans leurs hypothèses, et de faire le rapprochement des pro ductions de leurs génies : rentrons dans la question que nous nous sommes proposée.

Nous disons qu'il ne paraît pas probable que les corps célestes soient pourvus d'habitans comme on voudrait le faire croire ; car outre les difficultés que nous avons trouvées, on n'est pas certain que plusieurs planètes, et entr'autres la lune, aient d'atmosphère (a) : on remarque même dans plusieurs, des révolutions continuelles sur leurs surfaces, et une planète habitée serait probablement dans un état plus tranquille. L'ingénieux Fontenelle a eu beau traiter cette matière avec toutes les graces et tout l'esprit qu'on pouvait attendre d'un si beau génie, son système n'en a pas acquis plus de vraisemblance. Craignons-nous d'être tenus à trop de reconnaissance envers le Créateur, et l'homme veut-il se décharger de ce sentiment sur d'autres êtres, plus raisonnables et moins insensibles que lui ?.... O froide Philosophie, qui se plaît ainsi à rompre les liens qui peuvent attacher plus

____

(a) M. Huyghens lui-même a été de ce sentiment ; ce qui paraît bien inconciliable avec l'opinion que ce célèbre Physicien a adoptée, sur la question qui nous occupe.

On peut encore consulter, à ce sujet, M. Brisson, qui, sans adopter précisément aucun sentiment, ne laisse pas, néanmoins, de faire sentir les difficultés multipliées que présentent ces ingénieuses imaginations.

particulièrement

particulièrement l'espèce humaine à son auteur!
Serait-ce faire un outrage au Créateur, de supposer qu'il lui a plu d'étaler à nos yeux l'univers,
pour qu'il fût pour nous un sujet continuel
d'admirer la puissance de son auteur, et de
sentir notre néant?

IDÉE DU MONDE,

Vu d'un point fixe de l'espace.

Après avoir considéré ces immenses globes
en eux-mêmes, je me suppose, pour un moment, détaché de la terre, et placé à un point
d'où je puisse découvrir ces effrayantes masses,
sans être entraîné par leur mouvement. Quel
magnifique spectacle que celui de tant de corps
se mouvant majestueusement dans l'espace, et
emportés avec une vitesse que l'imagination
ne saurait concevoir!.... Quelle force n'est
pas nécessaire pour ébranler une planète telle
que *Jupiter*, près de quinze cents fois plus grosse
que la terre, et traînant avec elle ses quatre
Satellites?.... Une si énorme masse ne laisse
pas, néanmoins, de parcourir 180 lieues
dans l'espace d'une minute, sans qu'un mouvement si prodigieux puisse jamais l'écarter de
la ligne elliptique que le Créateur lui a tracée.
A la contemplation d'un si grand et si miracu-

G

leux ouvrage, je sens mon ame s'élever et toutes ses facultés ne pas suffire à l'admiration de tant de prodiges. Comment la terre qui me porte se soutient-elle sans aucun support? Je consulte ici le plus célèbre des Physiciens qui, sans m'expliquer le principe de ce phéno-mène, me détermine les loix qui régissent tous ces corps: il m'apprend que toutes ces masses pèsent les unes sur les autres, et qu'elles s'attirent mutuellement en raison de leur plus ou moins de matière; c'est-à-dire, que quand tous ces corps tournent autour d'un autre corps, *centre commun*, ils en sont attirés et ils l'attirent; qu'enfin ces forces attractives va-rient dans une *raison inverse des quarrés de leurs distances* à ce centre. (a)

Je le demande actuellement: s'il a fallu la géométrie d'un Newton pour débrouiller ce cahos de rapports, dois-je croire qu'ils aient été ainsi établis, sans le secours d'une souveraine intelligence? dirons-nous que les principes d'un si admirable méchanisme soient les effets fortuits d'une cause aveugle, telle que la matière?

De si grands prodiges m'étonnent, et j'en con-

____

(a) Les amateurs de la sublime physique peuvent con-sulter, à cet égard, les *principes mathématiques* de Newton: ouvrage fait pour honorer non seulement son auteur, mais je dirai l'*esprit humain*.

clus que tant de merveilles ne peuvent dériver que d'un être créateur, étranger comme antérieur à tout ce qui frappe mes sens. En effet, quelqu'éclatant que me paraisse le soleil, et quelqu'imposant que soit à mes yeux le spectacle de la nature, je ne vois, dans tout cela, que de la matière; et pourrais-je attribuer à cette matière, l'intelligence pour s'être si bien disposée dans toutes ses parties, et la puissance pour s'être donné l'être et le mouvement?...

Dirai-je que l'univers existe de sa propre nature?.. Qu'il est de tout temps?.. que la matière est éternelle?... Mais, qui ne sent toute l'absurdité de cette supposition? C'est éluder la question, et non la résoudre; car, ce qui suppose *puissance* et *intelligence*, ne saurait jamais être regardé comme inhérent à un être qui, par sa nature, doit être privé de ces facultés.

En un mot, quand je dis que la matière ne peut rien d'elle-même, et qu'elle ne pense pas, j'ai de cette vérité une preuve de sentiment si forte, que tous les raisonnemens humains ne pourraient que l'affaiblir.

EXAMEN

De quelques systêmes sur la création.

Que penser de ces Philosophes qui ont voulu expliquer, par leurs lumières, l'œuvre miraculeuse de la création ? Les uns commençant par s'ériger en *créateurs* eux-mêmes, ont créé ou supposé des *atomes* de toutes les qualités et de toutes les formes, et après les avoir diversement combinés, ont voulu en faire résulter un ouvrage tel que l'univers, tel que l'homme. Vouloir que des Corpuscules, qui essentiellement ne pensent pas, puissent s'amalgamer de manière à former un être pensant, c'est, j'ose le dire, être en contradiction ouverte avec soi-même. Mon ame sera formée d'atomes ! ... La belle conception ! (*a*)

Le systême des tourbillons serait totalement dans l'oubli, s'il ne rappellait un nom aussi

______

(*a*) Au sujet du systême des Atomes, il ne sera pas mal-à-propos de rapportsr ici le raisonnement qu'emploie Cicéron, pour réfuter Epicure : « Quoi, dit l'orateur » Romain, si le concours des Atomes peut faire un » monde, ne pourrait-il pas faire des choses bién » plus aisées, un portique, un Temple, une Maison, » une Ville ? »

Quòd si mundum efficere potest concursus Atomorum, cur porticum, cur Templum, cur Domum, cur Urbem, non potest, quæ sunt minùs operosa, et multò quidem faciliora ?

De nat. deor. ii. 37.

célèbre dans les sciences, que l'est celui de Descartes.

Nous avons vu, de nos jours, le plus illustre de nos Naturalistes, imaginer que toutes les planètes sortaient du soleil, par l'effet ou le choc d'une comète qui, poussée rapidement sur ce globe de matière fluide, en avait silloné la surface, et détaché plusieurs parties qu'elle avait jetées dans l'espace ; qu'après une longue suite de siècles que cet écrivain détermine, ces parties, ainsi jetées, s'étaient incrustées et refroidies vers leurs surfaces : de sorte qu'après avoir long-temps considéré la terre, comme une partie détachée du Soleil, et ne formant qu'une masse sphérique d'une matière en fusion, il faut imaginer que, par le refroidissement de cette matière, il en est résulté des hommes organisés tels que nous les voyons, de l'air, une mer, des fleuves, tous les animaux et toutes les plantes que nous connaissons ; enfin, un mouvement toujours égal et toujours soutenu, qui fait mouvoir si régulièrement cette masse, dans l'orbite où elle fut jetée. Mais l'auteur applanit toutes les difficultés et arrange tout cela admirablement.

A quoi ne conduit pas l'esprit de système, quand on se croit assez savant pour tout expliquer ? Personne n'est plus porté que moi à rendre justice aux connaissances profondes, utiles, variées, ainsi qu'à l'esprit et au talent de ce savant observateur ; mais, tout ingénieux que paraisse son système, il n'en est pas moins dépourvu de fondement et de solidité ; pour mettre mon lecteur mieux en état d'en juger, ou plutôt, pour faire mieux apprécier tout le mérite de cette prétendue science philosophique, par laquelle on veut tout savoir et tout démontrer, il suffira de faire encore quelques réflexions à ce sujet :

D'après M. de Buffon, la terre doit être considérée dans son état actuel, comme n'étant solide que vers les parties de sa surface ; c'est-à-dire, qu'elle a comme un noyau de sa première matière encore en fusion, telle qu'elle a été extraite du soleil : c'est de ce foyer de chaleur, que ce célèbre naturaliste fait dériver le principe de la végétation, et auquel foyer il attribue la vertu d'empêcher que le fond des mers, inaccessible aux rayons du soleil, ne soit dans un état constant de congélation.

Mais, comment concilier une telle opinion avec celle de Woodward qui, dans son histoire naturelle de la terre (ouvrage qui jouit de l'estime des Savans) prétend démontrer qu'il y a un grand amas d'eaux renfermées dans les entrailles de la terre, qui forment un *vaste globe* dans ses parties intérieures ou centrales : selon cet auteur, c'est ce que Moyse appelle, *le grand gouffre*. Voilà, d'après le proverbe, deux sentimens d'accord comme l'eau et le feu ; et peut-on faire le rapprochement de deux systêmes plus opposés en principe ? Que nous apprennent donc les Savans, quand ils s'engagent dans de pareilles recherches ?.... Bien plus : M.^r De Buffon suppose que le Soleil est un globe de matière fluide, et M. *Herscel* soutient aujourd'hui que le Soleil est un corps opaque, éclairé seulement par l'atmosphère phosphorescente de cet astre. Enfin, d'après Herscel, le Soleil est si fort semblable aux autres planètes, que cet astronome prétend y reconnaître des montagnes qu'il évalue même à 200 lieues de hauteur. Nous ne pouvons douter que, pour peu que les Télescopes se perfectionnent, nos observateurs n'apperçoivent bientôt les habitans de ces planètes, sur le compte desquels on n'est pas encore entièrement fixé. (*a*)

(*a*) On croirait, peut-être, que j'ai tout dit en rapportant les différens systèmes que je viens d'exposer ; mais point du tout ; les savans du jour, ceux qui veulent tout expliquer, tout pénétrer, et pour lesquels rien n'est caché ; ceux, enfin, qui paraissent aujourd'hui s'être chargés du soin d'endoctriner le genre humain, ne veulent ni d'eau, ni de feu au centre de la Terre : d'après eux, l'intérieur de notre globe ne doit former qu'un grand vuide : et pourquoi ? « parce que toutes les Planètes » n'étant que des *Géodes* cristalisées, elles doivent, disent- » ils, avoir leur centre *creux*. » Conséquemment, choisissez ou de l'eau, ou du feu, ou du vuide.

SYSTÊME CHYMIQUE.

La Chymie semble aujourd'hui avoir pris un empire absolu sur la Physique, et vouloir tout soumettre à l'analyse : il est curieux de connaître, à cet égard, les idées que des auteurs n'ont pas craint de mettre au jour, pour expliquer la formation de l'Univers.

Pour me faire entendre de mes lecteurs, j'ai besoin de revenir sur ce que j'ai précédemment exposé dans l'*avant-propos* mis en tête de cet ouvrage : il s'est, d'ailleurs, introduit un *néologisme* si étrange dans la langue des Chymistes, que ce n'est pas un petit travail, de chercher à rendre intelligibles les opinions *savantes* que nous allons développer : tâchons néanmoins, de faire sentir tout le merveilleux de ces nouvelles découvertes.

Il a été *au commencement*, disent les partisans de ce systême, cinq substances élémentaires répandues dans l'espace, lesquelles avaient, entr'elles, différentes affinités. Ces substances, comme nous l'avons déjà dit, sont l'*Oxigène*, l'*Azoth*, le *Carbonne*, l'*Hydrogène* et le *Calorique*.

La première remarque essentielle à faire ici, c'est qu'on n'explique pas comment ces cinq substances

substances se trouvaient ainsi dans l'espace; d'où elles dérivaient; d'où elles avaient tiré ces vertus propres qu'on découvre en chacune d'elles; et enfin, comment elles avaient demeuré à se combiner jusqu'au moment où elles se mirent en mouvement, et où il leur prit fantaisie de former un tout régulier et bien ordonné. Voilà, dis-je, sur quoi l'on ne nous éclaire pas. Or, il faut se contenter de savoir que ces cinq substances ont préexisté; voici ce qui en est résulté.

Le principe général et fondamental de tout le système est: que ces cinq élémens ont formé tous les corps par les diverses combinaisons qu'ont occasionnées entr'eux leurs *affinités réciproques*. Ces combinaisons ont formé des *résultats concrets*, plus ou moins solides, qui, par leurs poids et l'attraction de leurs masses, ont dû se précipiter les uns sur les autres. Delà, s'est formée l'*attraction newtonienne*; delà, toutes les substances attirées par leurs affinités réciproques, se sont *cristallisées*, chacune selon son caractère; delà, enfin, tous les corps. Voilà, en substance, le fond du système chymique; mais comme l'on pourrait croire que je m'amuse à former un roman, je vais copier fidèlement les propres expres-

H

sions d'un Auteur qui a voulu accréditer ces opinions dans un ouvrage récemment imprimé, intitulé : *Nouveau systéme de l'Univers*, ou *abrégé philosophique de la Physique et de la Chymie*.

» La concrétion des corps lourds, dit cet
» auteur, ou leur conversion en corps légers,
» étant le résultat nécessaire d'une combinaison
» des substances élémentaires qui les a *solidifiés*,
» ou *dissous*, ou *divisés* selon leurs diverses
» modifications ; voilà la formation de notre
» globe, de l'*Univers même*. C'est, ajoute
» encore cet auteur, le sentiment indiqué par
» *Lavoisier*, c'est celui de *Dolomieu*, de
» *Delámétherie*, de *Herscel* ; » personnages cités, très-certainement, pour fermer la bouche à quiconque oserait avoir une opinion contraire.

Veut-on, maintenant, apprendre comment se sont formés nos corps et tous les végétaux?.. Écoutons encore :

» Les retraites de la matière cristallisée ont
» donné passage aux eaux mères de la disso-
» lution, pour se précipiter dans leurs gouffres
» profonds, *et des portions de continent ont*
» *surnagé.*

» L'air, la lumière ont absorbé l'eau de cris-

» tallisation de leur surface, (sans doute de
» ces portions de continents) l'ont fait tomber
» en une sorte d'efflorescence, et l'ont ainsi
» amené à l'état terreux.

» *Alors les végétaux et les animaux ont
» été produits.* » Si l'auteur avait poussé plus
loin ses recherches, nous aurions appris, sans
doute, par *quelles affinités* s'était formé le
globe de l'œil, son cristallin, sa cornée, sa
rétine ; comment notre bouche s'était trouvée
garnie de dents, les unes pour couper, les
autres pour percer, et d'autres pour broyer ;
comment elles s'étaient si parfaitement disposées ;
mais le plus curieux eût été d'apprendre combien
il entrait d'*oxigène* ou d'*azoth*, dans une pensée,
dans une sensation, et comment les cinq substances s'étaient combinées pour former le fond
de ce qui *sent* et *pense* en nous. (*a*)

(*a*) L'auteur, dont nous venons de combattre les opinions, pourrait nous regarder comme un profane qui
se mêle de raisonner sur les principes ou les secrets d'une
science qu'il n'entend pas. Pour prévenir ce reproche,
nous allons nous mettre sous l'égide d'une autorité qui
va pareillement ruiner la base du système que nous
venons d'exposer.

» L'attraction admise par Newton n'a lieu qu'entre des
» masses énormes, et l'attraction chymique ne s'exerce
» qu'entre de très-petits corps ; la première existe à de
» très-grandes distances, et l'attraction chymique ne
» s'exerce point entre des corps éloignés, et elle n'a
» véritablement lieu que lorsque les molécules se tou-
» chent. Et nous croyons,
» d'après toutes ces réflexions, qu'il y a des différences
» assez marquées entre ces deux phénomènes naturels,
» *pour engager les savans à les distinguer l'un de l'autre.* »

Fourcroy, élem. d'hist. nat. et de chymie.

H 2

Exposer de tels systêmes, c'est, selon moi, la manière la plus solide de les réfuter. Ce serait faire une sorte d'outrage au bon sens et à la raison, que de croire avoir besoin d'entrer dans des détails suivis, pour démontrer toutes les inconséquences, toutes les absurdités, toutes les contradictions que présentent à l'esprit ces bizarres conceptions.

Je suis éloigné, cependant, de jetter la moindre défaveur sur les lumières et les talens distingués de la plupart de ces écrivains ; je me contenterai de dire, à leur sujet, qu'à force d'étudier ou d'analyser la matière, ils paraissent n'avoir rien vu au delà, et voilà la source de leurs erreurs.

Que puis-je donc espérer de trouver moi-même sur un principe si inconnu ?... L'exemple de tant d'hommes de génie m'avertit de ne pas marcher sur leurs traces, en ajoutant mes erreurs à celles où ils sont tombés. Le parti le plus sage, comme le plus sûr, est de soumettre sa raison, et de reconnaître un terme aux connaissances humaines.

Ainsi, sans me livrer à toutes les foles idées que pourrait enfanter mon imagination, je confesse qu'il est au-dessus de la nature un Être antérieur à elle, existant *nécessairement* par lui-même, en qui réside la plénitude de la sagesse et de la puissance. Cet Être est *Dieu*, inconcevable dans son essence, et ne se découvrant à mes perceptions que par ses attributs et les effets de son pouvoir. (*a*) Je vais, désormais, porter mes regards autour de moi, et chercher, dans ce qui frappe mes sens de plus près, si je ne pourrai encore découvrir de nouveaux témoignages en faveur de cet Être créateur.

De la Terre

Considérée sous l'idée de sa forme extérieure.

Il est reconnu que la terre n'est pas parfaitement sphérique, et d'après les dernières observations, on ne doit plus la considérer que comme un *Sphéroïde* applati vers les poles. (*b*)

(*a*) Voici l'idée sous laquelle Cicéron se représentait l'Être créateur. » On ne peut concevoir Dieu, disait-il, » que sous l'idée d'un esprit pur, sans mélange, dégagé » de toute matière corruptible; *qui connaît tout, qui* » *meut tout*, et qui a de lui-même un mouvement » éternel. *Nec verò Deus ipse, qui intelligitur à nobis, alio modo intelligi potest, nisi mens soluta quædam et libera, segregata ab omni congregatione mortali, omnia sentiens et movens, ipsaque prædita motu sempiterno.*

Tuscul. 1. 27.

(*b*) MM. Bouguer et de la Condamine ont prouvé que le diamètre de la Terre, sous l'équateur, est plus grand que son axe d'environ 13 lieues de 2,283 toises chacune.

Ce sphéroïde doit-il s'offrir à mes regards sous une surface unie, telle qu'on pourrait la concevoir pour sa plus grande perfection?... Non: je vois cette terre couverte, sur ses parties les plus basses, par un vaste et prodigieux amas d'eaux qui s'y trouve comme un immense réservoir, d'où doivent découler la fertilié de son sol, et la salubrité de son atmosphère.

De cette considération générale, je descends à sa structure particulière : j'apperçois sur ses parties découvertes, des élévations et des enfoncemens, qui offrent à ma vue un spectacle frappant. Cette sorte de forme me porte à considérer, si toutes ces inégalités sont des défectuosités de notre globe, et si elles n'annoncent pas un travail incomplet, conçu sans dessein, exécuté sans ordre..... Mais que mon opinion est différente, quand j'ai approfondi les usages de ces hautes montagnes, qui paraissent affronter les Cieux, en portant souvent leurs têtes altières dans la région du tonnère! Rien ne me démontre mieux la sagesse et la prévoyance du Créateur. Sans les montagnes, la terre serait applatie et trop uniforme. Ce sont ces élévations et ces enfoncemens qui procurent, à notre habitation, cette admirable variété de points de vue, qui nous charment et remplissent l'ame d'une infinité d'objets, dont l'ensemble offre à nos yeux les tableaux les plus magnifiques. On peut , en quelque manière, considérer ces longues chaînes de montagnes comme la grosse charpente du globe, et les soutiens des terres qui servent à la végétation. Elles augmentent d'une manière sensible la surface de la terre, et entretiennent ces réfractions de chaleur, ces courants d'air qui, alternativement , échauffent et rafraichissent nos vallons et nos côteaux.

Mais leur principal usage, celui qui leur paraît le plus propre , est de servir à la formation des sources, d'où naissent les ruisseaux et les fleuves. C'est de ces montagnes que , par une pente douce et sagement ménagée , ces mêmes fleuves, après avoir pris naissance dans leurs seins , se répandent dans les plaines et vont , en serpentant, porter dans les régions les plus éloignées la fertilité et l'abondance. (a)

(a) La plus haute montagne de la terre que l'on ait jamais mesurée est celle de *Chimboraco* au Pérou, qui a 3,217 toises au-dessus du niveau de la mer.

Pour se faire une idée d'une telle montagne, il suffit d'observer qu'il faudrait plus de trois *Mont-d'Or*, entassés l'un sur l'autre, pour égaler celle de *Chimboraco* en hauteur, puisque le *Mont-d'Or* n'a que 1,048 toises de hauteur perpendiculaire. Voy. Brisson et les mém. de l'Académie 1740.

DES DIFFÉRENTES PRODUCTIONS

De la Terre.

Après que j'ai long-temps considéré l'Être créateur dans les effets de sa puissance, je commence déjà à l'appercevoir dans ceux de sa bonté : ici, je me vois l'objet de ses soins comme de sa prévoyance.

D'un côté, nous verrons dans de vastes et riantes prairies croître l'herbe qui doit servir de nourriture aux bestiaux ; de l'autre, germera le bled destiné à faire subsister le genre humain. Ici, dans un verger où la main du cultivateur se sera industrieusement exercée, vous découvrirez mille fruits délicieux, admirablement diversifiés et également agréables au goût et à la vue ; là, dans ces jardins où l'art semble si fort se plaire à seconder la nature, on apperçoit une quantité prodigieuse de plantes, toutes variées en formes et en qualités : les unes seront propres à me servir d'alimens, si je suis dans l'état de santé ; tandis que d'autres porteront en elles les sucs les plus salutaires contre les maux auxquels je suis sujet.

Mais à quels ravissemens nos ames ne sont-elles pas livrées, quand, au sortir d'une saison âpre et aride, où tout semblait plongé dans un un engourdissement général, nous découvrons nos campagnes rendues à une nouvelle vie, et décorées de feuilles et de fleurs !...... Quelle étonnante autant que salutaire révolution !.... Chaque arbre, chaque plante, chaque buisson même, me feront dans l'intervalle de peu de jours, admirer les effets de cette miraculeuse métamorphose, et ne me présenteront plus qu'autant de bouquets propres à réjouir la vue et à parfumer l'atmosphère !... Qui se lasserait en ce moment d'admirer les beautés comme les richesses de la terre ?... Quel plus beau spectacle que celui de tant de fleurs variées, émaillées des plus belles couleurs !... Quelles diversités et quelles beautés de dessins !.... Quel assortiment dans ces couleurs !.... Avec quel art sont-elles fondues !... Quelles plus élégantes découpures !...

Cependant, comment faire dériver d'une même terre tant de productions si belles et si variées ? L'homme concevra-t-il jamais la formation d'une Tulipe ? Et quelle serait encore notre admiration, si nous entrions dans l'examen détaillé de tant de merveilles !... Venez ici, fabricateurs de combinaisons chymiques, et par vos spéculations froides et pénibles, expliquez-nous le principe de tant de chefs-d'œuvres ?

DES DIFFÉRENTES ESPÈCES D'ANIMAUX.

On voit que je ne fais que passer rapidement sur les richesses de la nature, et que je ne contemple ses merveilles qu'en masse, les embrassant, en quelque manière, dans des apperçus généraux. Me voici frappé d'un nouveau spectacle ; je parcours les différentes espèces de tous les Êtres vivants. Il n'en est point, depuis l'Éléphant jusqu'au plus petit insecte, qui ne fournisse matière à étudier et admirer continuellement. Tout respire, tout a mouvement, et rien ne se reproduit que dans son espèce ; ceux de ces Êtres qui voudront violer cette loi, établie dans la nature, produiront des monstres, il est vrai ; mais voilà le désordre arrêté, au premier pas qui avait été fait pour amener la confusion des espèces.

Quelle est la conception qui a pu enfanter tant d'organisations diverses, et dans chaque organisation, mettre une telle perfection, en établissant tant de liaisons, tant de rapports, tant de justesse dans toutes ses parties ?.... Méchaniciens les plus profonds vous trouverez ici la source de tous vos principes, et pourrez y admirer les ouvrages de la plus haute sagesse.

Si j'ouvre une de ces machines animées, je découvre une structure où brille une intelligence qui confond la mienne, et me force à reconnaître mon ignorance, quand je veux trop approfondir les principes de tant de phénomènes.

Quand j'ai considéré une planète telle que *Jupiter* avec ses quatre satellites roulant dans les Cieux, j'ai dû concevoir, sans doute, une idée de grandeur étonnante ; néanmoins, il semble qu'avec beaucoup de matière, on peut imaginer la fabrication d'une telle masse. Mais quand je découvre, avec le secours du Microscope, un insecte auprès duquel la Puce est un animal monstrueux, je dois, en quelque sorte, être frappé de plus d'admiration, et reconnaître dans un tel ouvrage toute la force et l'étendue d'une puissance infinie. Oui, avec de la matière, je ferai une montagne ; mais dans un Être animé qui n'offre à mon esprit que l'image d'un atome vivant, comment se former une idée des différentes parties qui le constituent ?... Quelle doit être la ténuité de ces viscères, de ces nerfs, de ces muscles, de ces vaisseaux ?.. Cependant toutes ces parties existent et sont liées de manière à former un tout qui s'agite, se remue, s'élance et a tout ce qui peut constituer un corps vivant ; un corps qui est à peine perceptible dans son tout, avec le secours des meilleurs Microscopes, et qui absorbe mon imagination, quand elle veut se porter sur l'extrême petitesse de ses moindres parties. N'a-t-on pas eu raison de dire que nous nous trouvions placés comme entre deux infinis, l'un en grandeur et l'autre en petitesse?.... Si, d'une part, éclate l'immensité du Créateur, de l'autre, se découvre une intelligence suprême qui décèle l'agent le plus absolu. (a)

(a) La moindre opération de la nature devrait suffire pour démontrer l'existence de *Dieu*; et parmi ce grand nombre de prodiges qui s'opèrent chaque jour sous les yeux de l'homme qui observe, la seule formation d'un *Poulet* est faite pour frapper d'étonnement et faire admirer la providence. En effet, prenez l'œuf fécondé d'une Poule et ouvrez-le; que vous présentera-t-il? deux substances unies et divisées, dont l'une est destinée à former le corps de l'animal qui doit en provenir, et l'autre à lui servir de nouriture, jusqu'au moment où il s'échappera de l'envelope qui le contiendra. Analysez cette première substance, c'est-à-dire, le blanc de l'œuf qui doit subir une métamorphose si étonnante; pourrez-vous concevoir qu'une telle matière visqueuse et uniforme puisse, par l'effet de la chaleur, se transformer en membres, en os, en sang, en vaisseaux, en viscères, en organes, en plumes, et présenter un corps si parfaitement lié dans toutes ses parties? Un corps, sur-tout, subsistant par un principe de vie qui parait ne tenir à rien de tout ce qui s'offre à vos regards.

L'homme, si curieux de miracles, ne considère pas que, pour en opérer, il ne s'agirait que de pouvoir renverser les loix de la nature; mais ce qui est infiniment *plus miraculeux* sont les principes de ces loix, par lesquels tout subsiste et se renouvelle. A force de voir ces merveilles, on s'y est accoutumé au point de ne les regarder

De la Mer,

Et de ce qu'elle renferme.

C'est ici un spectacle tout différent, et l'on croirait voir un Globe d'une nouvelle nature. Dirons-nous, cependant, que cette partie-ci diffère de l'autre, en ce qu'elle sera sans productions et sans habitans ?.. Gardons-nous de le croire ; elle ne le cédera en cela, ni en nombre, ni en variété. Ici, tout est construit sur d'autres vues et d'autres principes de méchanique ; mais si la Terre est fière de porter l'Éléphant qui étonne par sa force et sa grandeur, la Mer nourrit dans son sein l'effrayante Baleine, qui est l'épouvante de tous les habitans des flots. (a)

Depuis cet animal monstrueux jusqu'au *Melet* ou *la Puce de Mer*, le nombre des poissons est presque incalculable. Ils varient dans leurs

---

que comme des effets ordinaires, produits par un ordre établi qui n'offre au Spectateur rien de surprenant. Que, par-exemple, un joueur-de-gobelets fasse paraître qu'il tire d'un œuf une poignée d'*étoupes*, des hommes simples crieront au prodige ; mais que ces mêmes hommes voient éclore de cet œuf le superbe *Coq* qui doit leur servir d'horloge et peupler leur basse-cour, cet événement n'aura rien qui les frappe.

(a) » On compte jusqu'à quatorze ou quinze espèces » de Baleines. Celles du Groenland sont de la première » classe : elles sont monstrueuses par leur grosseur, et » leur longueur excède quelque fois cent pieds. » Voy. Anderson, *hist. nat.* de l'Islande et du Groenland.

espèces et dans leurs formes, mais ils seront toujours construits de manière à se mouvoir avec agilité dans le sein des eaux. Cependant, rien n'est impossible au Créateur, et si, en général, chaque élément est propre à chaque espèce d'Êtres, nous en verrons néanmoins, qui, successivement, passeront de la Mer à la Terre et de la Terre à la Mer ; après avoir paru et respiré l'air sur l'étendue des rivages, ils n'en seront pas moins propres à vivre dans l'abyme des flots, et feront voir en eux quel est l'empire du Créateur sur tout ce qui est animé. (a) De plus, j'en appercevrai s'élancer hors de l'onde, fendre les airs, et se transformer à mes yeux en oiseaux agiles, à qui les eaux semblent devenir étrangères. (b)

Dirons-nous, enfin, que le fond des Mers n'est propre à aucune production, et que, sous ce rapport, la Terre offre aux regards de l'observateur un spectacle particulier ? ....

(a) Le chien marin marche souvent sur les bords de la mer où il s'endort au soleil.

Le Walrus, ou bœuf marin, animal amphibie, égale nos bœufs en grosseur ; il aime à sortir de l'eau pour grimper avec une agilité étonnante sur les rochers qui sont le long du rivage, etc. (Description des animaux du Spitzberg.)

(b) Les poissons volans, dit le traducteur de l'histoire générale des voyages (l'abbé Prévost) paraissent des monstres à ceux qui les voient pour la première fois

Non encore : les plantes marines sont innombrables , ainsi que les plantes terrestres. Les obstacles qui s'opposent à nos recherches , font que nous n'en connaissons pas une si grande quantité , mais tout doit nous porter à croire que la surface qui est au-dessous des Mers est par-tont tapissée de plantes , d'herbages et de mousses : des naturalistes y ont même placé des Forêts. *(a)*

Enfin , c'est de ce vaste amas d'eau que naissent les pluies abondantes qui tombent sur nos montagnes , et forment dans leurs seins les sources des fleuves. Nos champs seraient bientôt stériles , et le gazon de nos Prairies ne demeurerait pas plus long-temps à être brûlé , si cet immense reservoir ne fournissait sans cesse à leur rafraichissement , et n'entretenait , par-là , leur verdure et leur fertilité. Bientôt nos Fontaines seraient à sec , nos Ruisseaux seraient taris, nos rivières et nos fleuves se trouveraient épuisés , s'il n'existait cette circulation continuelle des eaux qui passent de la Mer dans la région de

---

Il est si étrange d'appercevoir, tout-d'un-coup, des espèces de Harengs qui sortent de l'eau avec des aîles, et qui traversent l'air dans un certain espace , qu'on a peine à ne pas les prendre pour de véritables oiseaux. Tom. 11, *pag.* 445.

(*a*) On estime que la mer a environ 12,000 pieds de profondeur.

M. *Schulze* ; Dissert. sur l'origine des montagnes.

l'air ; de l'air , à la surface de la Terre,
d'où , par mille détours et sinuosités , ces
mêmes eaux se ramassent pour se rouler vers
le centre qui les attire de toutes parts. Ainsi
l'élément qui fournit d'un côté à une dépense
continuelle et si excessive , reçoit de l'autre
tous ces ramas qui lui servent comme d'aliment
perpétuel , et empêchent son épuisement. Puis-
je voir un si bel accord dans toutes les parties
de la nature , et en attribuer le principe à une
cause aveugle ? ... Faudra-t-il , pour me servir
ici de l'expression d'un savant observateur ,
(Nieuwentyt) , qu'un misérable arrosoir me
dépose en faveur de l'artisan qui l'a fabriqué ,
et qu'il n'y ait que le grand ouvrage de l'univers qui subsiste , sans qu'une intelligence
éternelle y ait présidé ?.....

D E   L ' A I R.

En considérant l'air , relativement aux opérations de la nature , je vois qu'il en est le
principal instrument ; d'anciens Philosophes ont
même cru qu'il en était le principe. Aucune
plante , aucun être vivant ne pourrait être produit , croître ou vivre sans air. C'est une substance de plusieurs qualités variées qui environne
de toutes parts le globe terrestre , et lui sert
comme

comme d'enveloppe. Pour m'en former une idée grande et générale, je le considère comme un vaste réceptacle, où pénètrent toutes les vapeurs et toutes les exhalaisons de la Terre.

Je vois que ces vapeurs, élevées à une certaine hauteur, se condensent bientôt, et que par l'effet de cette condensation, elles se réunissent pour tomber ensuite en forme de goutes. (a) Or, je considère qu'il s'élève une plus grande quantité de ces vapeurs au-dessus des Mers qu'au-dessus des Terres, parce que ces dernières fournissent beaucoup moins à l'évaporation. En résultera-t-il donc que nos

-----

(a) On parle tous les jours dans le monde de *vapeurs*, *d'exhalaisons*, plus rarement de *condensation*; mais il est, peut-être, bien des personnes qui, en se servant de ces termes n'ont que des idées très-confuses de leurs significations. Cette considération me porte à en donner ici une courte explication.

On entend en Physique par *vapeurs* les particules aqueuses les plus déliées qui abandonnant les masses auxquelles elles appartiennent, passent dans l'atmosphère terrestre.

On entend par *exhalaisons* toutes sortes de petits corpuscules salins, spiritueux ou huileux, qui s'exhalent des corps et se répandent dans l'air de l'atmosphère. On voit par ces deux définitions que par *vapeurs* on entend toutes les substances qui tiennent de la nature de l'eau, et que toutes les autres sont connues sous le nom d'*exhalaisons*.

L'action de la *condensation* est tout ce qui porte un corps à diminuer de volume, par la perte qu'il fait d'une portion de la matière du feu qui le pénétrait et tendait à en écarter ses parties. *Brisson*.

K

Prairies, nos Champs, nos Jardins soient privés de cette humidité qui leur est absolument
nécessaire, pour fournir à tous nos besoins ?..
Non : cet air, après avoir servi d'agent principal pour élever ces vapeurs, et comme de
vaisseau pour les préparer en pluie dans son
sein ; cet air, dis-je, s'agitera violemment par
une cause qui m'est inconnue, mais dont l'effet
sera bien précieux à toute la nature : ces vapeurs transformées en nuages me seront, par
cette agitation, apportées des régions les plus
éloignées, et parcourant leur carrière, viendront se fondre et épancher leurs eaux sur
mes possessions, pour les fertiliser et en arracher les plus abondantes productions. La Terre
sera-t-elle assez humectée, et une plus grande
quantité d'eau nuirait-elle à la végétation ?..
Ce même air, par un prodige non moins
admirable, s'agitera dans une direction différente, et, à l'instant, balayera l'atmosphère,
comme pour donner accès aux rayons du
Soleil, qui doivent réchauffer et ranimer toute
la nature.

A l'aspect de tant de merveilles, puis-je ne
pas rapporter des opérations si grandes et si
bien combinées à un agent suprême, moins
jaloux de déployer ici son pouvoir, qu'attentif

à me faire sentir toute l'étendue de sa bien-
faisance ?

Ce n'est pas tout encore : l'air sera l'émule
de la Terre et de la Mer , et comme elles ,
il aura ses habitans. Il semble qu'il n'est point
de forme à imaginer , que le Créateur n'ait
cherché à orner d'un principe de vie. Si , sur
la Terre , l'Éléphant a épouvanté des Armées ;
si , dans la Mer , l'énorme Baleine inspire la
terreur aux habitans des flots ; dans les airs ,
je vois l'effroyable *Condor* , dont l'aspect seul
met en fuite les troupeaux et leurs conduc-
teurs. (*a*)

Si je pénètre dans les différens climats de
la Terre , par-tout je trouverai de nouveaux
oiseaux à contempler et à admirer , soit par
la variété de leurs formes , soit par tous les
agrémens qui les distinguent d'ailleurs. J'ai reconnu entre l'Éléphant et l'Insecte , entre la
Baleine et la Puce de mer , des foules innombrables d'êtres vivans. Mais que n'ai-je pas ici
à parcourir entre le Condor et *Colibri* ?... (*b*)

____

(*a*) Le *Condor* est un oiseau de proie du Pérou , d'une
figure hideuse et d'une force étonnante. Sa grandeur est
énorme ; il a jusqu'à 16 pieds de hauteur , et ses ailes
déployées ont 32 pieds d'une extrémité à l'autre. *Hist.
des Yncas.* (Rapporté par Mr Dulard , dans les notes
savantes dont il a enrichi son Poëme , *sur la grandeur
de Dieu.*

(*b*) Le *Colibri* , ou l'oiseau mouche du Canada , n'a
pas le corps , y compris les plumes , plus gros qu'une
noisette , ou celui d'un Hanneton.

K 2

L'un, par sa superbe parure, brille à mes yeux d'un éclat que n'a pas l'Arc-en-ciel; l'autre, par la flexibilité de son gozier et les sons gracieux qu'il en tire, semble animer les bois et prêter de nouveaux charmes à la nature. Si je fixe mon attention sur la construction de leurs nids, je découvre autant de chef-d'œuvres d'industrie. Se pourrait-il que tant de beautés et tant d'êtres variés, guidés par un instinct si infaillible, fussent l'effet du hasard, et non les productions d'une sagesse éternelle ?

Du Feu.

Sans m'arrêter à examiner si le Feu est une matière simple, inaltérable, ou si son essence ne consiste que dans le mouvement seul des parties du corps qui s'embrase, il me suffit de voir qu'il est répandu dans toute la nature. C'est lui qui fait couler les fleuves, qui entretient le principe de vie qui est en moi, qui pénètre, qui divise les corps les plus durs, et que je peux regarder comme un dissolvant universel.

Si la surface de la Terre perd le feu qui lui est propre, elle se transforme aussi-tôt en masse solide qui se refusera à toute culture, à toute production : le Feu est dans l'air que je respire, dans les alimens qui me nourrissent, et avec son pouvoir de tout détruire et de tout consumer, son action, d'elle-même, ne sera jamais assez forte pour causer le moindre embrasement : bien loin de me nuire, c'est par lui que je vis. (a)

Ne dois-je pas reconnaître ici la puissance qui, en le rendant si terrible dans ses effets, l'a cependant captivé dans son essence ?.. Par quel prodige sa flamme ne s'élèvera-t-elle jamais qu'à une petite hauteur, et toujours en proportion de la matière combustible qui lui sert d'aliment ? Comment ce feu ne sera-t-il jamais transporté indifféremment sur tout ce qui l'environnera, pour dévorer en un clin d'œil tout ce qui parait sur la Terre ?...

Si je consulte M. l'Abbé Nollet, cet auteur me dira que selon les loix de l'*Hidrostatique*, la flamme doit se porter de bas en haut, comme se plongeant dans l'air qui est un fluide plus pesant qu'elle. Mais encore, qui a donc ainsi établi ce rapport entre le fluide de l'air et celui de la flamme ?... J'observe, de plus, que ce même air forme autour de cette vapeur ardente, comme une espèce de voute ou de calotte sphérique qui, par sa médiocre résistance,

____

(a) Voyez M.ʳ Brisson ; Disc. prél. de son Dict. raisonné de Physique ; article *Feu*.

empêche qu'elle ne s'étende et ne se dissipe. Enfin, le Feu pourrait tout consumer, et c'est par lui que tout subsiste.

Verrai-je ainsi la liaison de tant de phénomènes, sans reconnaître la main sage et puissante qui y a présidé !

D E S M É T É O R E S. (*a*)

Après avoir rapidement jeté un coup d'œil sur chaque partie de la nature, j'admire le ressort général qui les met en jeu, et fait que de leurs actions diverses, résulte cette harmonie qui donne la vie à tout. Je tremble et suis en même temps saisi d'un étonnement mêlé d'admiration, quand je considère que ce tout merveilleux serait rompu, si la moindre de ses parties sortait de sa place. Nous ne verrions plus alors qu'une horrible confusion ; un être s'abymer sur un autre être ; toutes les Planètes errer sans règle dans les Cieux. Enfin, toutes les parties de l'univers sortant de leur équilibre, se précipiter l'une sur l'autre, se diviser ou s'entre-détruire. Les Météores ne semblentils pas souvent me retracer les signes d'un si affreux désordre ?

____

(*a*) *Météores :* terme de Physique qui s'applique à tous les phénomènes qui se passent dans l'atmosphère ; tels entr'autres, que le vent, la grêle, le tonnere, etc.

Au milieu d'un jour, quelquefois le plus serein, je verrai tout-à-coup d'épais nuages dérober à mes yeux l'Astre brillant qui embellissait la nature ; le Ciel paraîtra couvert d'un crêpe lugubre ; bientôt toute l'atmosphère ne me représentera qu'une flamme ; un bruit épouvantable se fera entendre sur ma tête ; les Vents furieux vont se déchaîner et remuer, jusqu'aux fonds de ses abymes, la vaste Mer qui mugit et s'élance dans les airs ; on dirait que tous les élémens sont confondus, et que la nature se dissout en frémissant.

Que résultera-t-il donc de ce bouleversement apparent, et quelquefois si effroyable ?... Dirai-je, comme cet ancien philosophe, que l'empire du monde est partagé entre deux êtres différens, de manière que tout le bien vienne de l'un et tout le mal de l'autre ? Que ces deux êtres ont transigé entr'eux par rapport au gouvernement de l'univers ?.. (a)

_____

(a) On s'apperçoit déjà que je veux parler du principe de *Manès*, si extravagant, si ridicule, qu'il ne mérite pas d'être refuté. On s'étonnerait qu'un autre *Philosophe* eut, presque de nos jours, tenté de renouveller un si absurde système ; mais que n'aurait pas imaginé *Bayle*, quand il s'agissait d'accréditer des erreurs, qui heurtaient toutes les opinions reçues, sur-tout en matière de religion ! Je ne prétends pas diminuer la gloire qu'a pu s'acquérir ce Sophiste éloquent, ce Pyrrhonien plein d'esprit ; mais sans faire un grand effort de génie, ou

Une si fausse opinion ne sera pas la mienne ; si la foudre consume ma maison , et que moi-même ne sois pas à l'abri de ses atteintes ; si la grêle ravage mes champs , et si la tempête engloutit le navigateur avec ses trésors ; si la Terre s'ébranle sous mes pieds , et que dans quelques parties de sa surface , elle s'affaisse comme pour dévorer des villes entières ; je conclurai de tous ces événemens que rien de créé ne peut être parfait. Que quand on considère la nature , elle ne doit être jugée qu'en grand et dans ses loix générales ; que ces exceptions sont rares. Je n'irai pas , pour cela , appeller *imperfection* tout ce qui me paraîtra tel , et m'élevant audacieusement jusqu'au trône de la Divinité , je ne me croirai pas de nature à pouvoir raisonner avec elle , et *arracher de ses mains la balance et le sceptre.*

Si dans l'ensemble et l'ordre général de ses ouvrages , le Créateur s'est plu à manifester sa puissance , par les effets d'une bonté et d'une surveillance paternelle envers ses créatures ,

---

pourrait lui démontrer facilement qu'un Etre infini , existant nécessairement par lui-même , un Etre éternel , ne saurait qu'être *unique.* Zoroastre a beau s'épuiser en raisonnemens pour prouver le contraire, on pensera toujours que l'idée de deux Etres co-existants , également infinis en puissance , répugne à la raison et présente deux principes qui se détruisent l'un l'autre.

sais-je

sais-je s'il n'a pas voulu faire servir ces mêmes élémens à l'exercice d'une justice devant laquelle tout doit trembler ?... S'il est des crimes publics, des crimes de nation, il sera aussi des châtimens terribles qui effrayeront la nature. Ici, commence à se découvrir à mes perceptions le monde moral qui n'a pas encore été l'objet de mes spéculations : j'approfondirai ces réflexions, quand je considérerai la nature de mon être et sa rélation avec le principe duquel il émane. *(a)*

Cependant, ces petits maux partiels ne s'opéreront pas sans qu'il n'en résulte quelque bien général : j'observe que si l'air agit avec force sur la Mer, il la remuera, la soulèvera et l'ébranlera dans toutes ses parties ; et que, de cette violente agitation, en naîtra une salubrité sensible pour ces deux élémens. Ce sera de leur guerre apparente que dépendra la conservation de l'univers ; car, sans cette cause, l'Océan ne serait bientôt qu'un vaste cloaque, et de son infection, naîtrait la ruine du monde. Qui ne

---

(a) Si notre observateur pouvait déjà être instruit dans un sens plus relevé, il reconnaîtrait ici que le mal physique, comme le mal moral, n'ont d'autre cause que le péché introduit dans le monde, par la désobéissance du premier homme.

Ce qui fesait dire à l'apôtre des nations, dans son Ep. aux Rom. *Omnis creatura ingemiscit, et parturit.*

connaît l'effet des vapeurs pestilentielles qui s'exhalent des eaux marécageuses , et qui ne sait qu'un si pernicieux principe dérive uniquement de leur immobilité ? Sans trop pénétrer dans les secrets de la nature , y aurait-il de témérité à avancer que , sans le tonnère , nous verrions peut-être des étés entiers se passer , sans que nos Terres et nos Prairies fussent arrosées , et notre athmosphère rafraîchie et purifiée ?.... L'expérience de tous les siécles et de tous les observateurs semble autoriser ce que nous disons ici ; et qui n'a éprouvé l'effet salutaire que produisent sur nos corps ces orages d'été , après que l'athmosphère , dans une saison brûlante , a été comme purifiée et dégagée des parties hétérogènes et malfaisantes qui en corrompaient la masse ? (a)

Si d'un autre côté , je considère une foule d'animaux vénimeux qui , par leur morsure ou piqure funestes , introduisent dans notre sang

______

(a) Voilà des observations qui n'ont point échappé aux grands maîtres qui ont su étudier la nature : c'est ce qui a fait dire à un savant moderne, en traitant de *l'eau :* » La nature opère en grand la désunion de ses parties, avec bien plus de facilité, et par des procédés bien plus multipliés que l'art ne peut le faire. C'est par sa décomposition que *l'eau* sert à purifier l'athmosphère, en y versant de l'air vital ; qu'il se dégage beaucoup de gaz inflammable des eaux stagnantes ; » etc. etc.

FOURCROY, élem. d'hist. nat. et de chymie.

le venin mortel qui seconda si efficacement le désespoir de Cléopâtre ; si, enfin, je me fixe sur quelques plantes vénéneuses qui portent en elles le suc destructeur qui enleva à la Grèce le plus célèbre de ses philosophes ; accuserai-je pour cela l'Auteur de la nature d'avoir voulu la destruction du genre humain, et d'avoir travaillé pour sa ruine, en même temps que pour sa conservation ?.... Non, ; un pareil langage tiendrait de l'absurdité la plus palpable, comme de l'ingratitude la plus révoltante...
Je vois que ces inconvéniens partiels et apparens, n'influent presque en rien dans l'ordre général : tout subsiste sans que ces petits dangers affectent en quelque sorte l'espèce humaine. Ce qui existe de malfaisant parmi les plantes est très-peu commun, et ne se reproduit que difficilement ; et s'il est des animaux dangereux à l'homme, ils sont comme relegués dans des déserts, et sous des climats qui leur sont propres ; dans ces lieux, ne pénètrent que rarement des curieux ou quelques voyageurs qui ont presque toujours les moyens de se garantir de ces animaux dangereux.

Au surplus, dois-je me flatter de connaître à quoi toute chose est propre ou utile ?.... Si la médecine a su tirer de grands avantages des vipères, de l'huile de Scorpion, de l'arsenic, de l'antimoine etc. dois-je témérairement accuser le créateur d'avoir attaché à certains reptiles, à certaines plantes, à certains minéraux quelques qualités malfaisantes, quand elles peuvent au contraire être la source d'une infinité de remèdes à nos maux ? Il est reconnu que l'effet de la piqure de beaucoup d'insectes venimeux, se guérit en écrasant ces mêmes insectes sur la plaie. Qui pourrait voir sans admiration que dans plusieurs climats, où habitent des reptiles dangereux, croissent, en même temps, certaines plantes, dont la racine est un antidote sûr contre le venin de ces animaux. (*a*)

Pour terminer cet article, il ne nous reste qu'à emprunter les propres expressions traduites d'un Poëte célèbre. » Toute la nature est » un art, et un art qui t'est inconnu : (à l'hom- » me.) Le hasard est une direction que tu ne » saurais voir ; la discorde est une *harmonie* » que tu ne comprends point ; le mal particulier » est un bien général : et en dépit de l'orgueil, » en dépit d'une raison qui s'égare, cette vérité » est évidente ; QUE TOUT CE QUI EST, EST BIEN. »

_____

(*a*) Voyez sur cela le P. Charlevoix, dans le journal de son voyage à l'amérique ; Tom. I. pag. 238.

De l'Homme.

Quand tous les autres ouvrages du Créateur seraient voilés pour moi, l'homme m'offrirait le spectacle le plus digne d'admiration : je ne saurais trouver un plus convainquant témoignage en faveur de la souveraine intelligence qui a existé avant toutes choses, et par laquelle toutes choses subsistent.

En traitant de l'homme, mon intention n'est pas de le considérer de la manière qu'il l'a été par le premier Poëte de l'Angleterre : mes vues ne sont pas si vastes et mon objet est même différent. A quoi bon, après tout (s'il m'était permis de hasarder ici quelques reflexions sur un ouvrage aussi célèbre que l'est celui de Pope) à quoi bon, dis-je, étaler une foule de maximes sublimes, de pensées fines pour faire de l'homme ce qu'il y a de plus grand, comme ce qu'il y a de plus petit ; ce qu'il y a de plus élevé, comme ce qu'il y a de plus bas ; ce qu'il y a de plus raisonnable, comme ce qu'il y a de plus fou ; l'être qui est le plus heureux, comme celui qui est le plus malheureux ; et le placer ainsi dans un mélange de grandeur et de bassesse, pour n'avoir à le repaître que d'un scepticisme soutenu, dans tout ce qui regarde son origine et sa destination. (a)

____

(a) Pour donner à ceux qui ne connaissent pas l'ouvrage de Pope une idée de certaines opinions paradoxales que l'on y découvre, il me suffira d'en rapporter le passage suivant ; le Poëte parle du premier état du monde : » Que » l'on ne croie point que dans le premier état du monde » la créature marchât aveuglément. C'étoit le règne de » Dieu. L'amour propre et l'amour social naquirent avec » le monde : l'union fut le lien de toutes choses, et de

En me proposant un autre but et partant d'un principe différent, je considérerai l'homme dans sa partie physique et dans sa partie morale : je commence.

Comment peindre tant de merveilles, et quelle idée donner d'un méchanisme qui n'est pas encore parfaitement connu, depuis que tant d'habiles disséqueurs se font une étude de l'approfondir ? O sagesse éternelle ! Ici mon esprit se confond, et mon être même s'anéantit en voulant chercher à se connaître et à se définir. (a)

J'existe : c'est une vérité de fait et de senti-

» l'homme. Alors, il n'y avait point d'orgueil, ni tous ces
» arts qui aident à la vanité. L'homme et la bête jouissant
» également des forêts, marchaient ensemble à l'ombre
» des bois. Ils avoient une même table et un même lit.
» Des meurtres ne fournissaient point à l'homme son
» habillement et sa nourriture. Une forêt retentissante
» était le temple général, où tous les êtres, à qui Dieu a
» donné les organes de la voix, chantaient les louanges
» de ce père commun. » etc. etc. Trad. Ep. III.

(a) » Notre corps, a dit l'éloquent Massillon, est un
» mystère où l'esprit humain se perd et se confond, et
» dont on n'approfondira jamais tous les secrets ; il n'est
» que celui qui a présidé à sa formation qui puisse les
» connaître. »

La cause du mouvement des nerfs et des muscles n'est pas encore bien connue : les uns veulent que des esprits animaux, ou un vent subtil, vienne du cerveau dans les nerfs ; d'autres ne rapportent cet effet qu'à un suc nerveux.

Mais ce n'est pas là notre objet.

ment à la portée de tout le monde ; et que le plus entêté Sceptique ne peut révoquer en doute, en se l'appliquant à lui-même. De cette première considération, je passe naturellement à cette seconde : qui m'a formé tel que je suis ?.... Sera-ce l'homme qui a servi comme d'instrument et de cause seconde à ma procréation ?.... Mais si je l'interroge sur son ouvrage, il n'en connaîtra aucune de ses parties ; il ne saura me définir la différence qui existe entre les fonctions attachées à une veine, et celles que doit remplir une artère. Cet homme sera donc l'artisan de cette étonnante machine, à peu-près, comme le cultivateur qui a jeté le grain dans la terre, sera le père de la plante qui en proviendra. (a) Il faut donc que je remonte plus haut, et mon père, se faisant la même interrogation, ne recueillira pas un résultat différent. Ainsi, parcourant la chaîne qui depuis moi, s'étend à l'origine des choses, je suis forcé de recourir à un être premier, de qui l'homme tienne son existence, et qui

---

(a) » Je ne sais, disait l'illustre mère des Maccabées à ses enfants, comment vous avez paru dans mon sein ; ce n'est pas moi qui vous ai donné l'ame, l'esprit et la vie que vous y avez reçus ; ce n'est pas moi qui ai présidé à la structure merveilleuse de vos membres, et qui les ai mis chacun à leur place. »

Nescio qualiter in utero meo apparuistis; etc.

puisse être regardé comme le Créateur de cet
ouvrage, où brille, de toutes parts, une intelligence infinie. Je sais que ce raisonnement
est presque aussi vieux que le monde, mais
il n'en est pas pour cela moins solide ; et tout
trivial qu'il est, je le donne volontiers à réfuter
à tous ceux qui voudront apporter dans ces
recherches un peu de bonne foi, et en éloigner
les *pourquoi* les *comment*, et tous les doutes
volontaires où aiment à se plonger tant d'esprits
orgueilleux ; qui veulent tout soumettre au
cercle étroit de leur intelligence.

Mais reprenons notre tâche qui, jusqu'ici,
n'a été, en quelque manière, que d'observer
et d'admirer. Je contemple l'homme en sa partie
extérieure : son port, la majesté de ses traits
me portent à le distinguer parmi tous les animaux qui peuplent la terre.

La première réflexion qui me frappe à son sujet,
c'est de considérer (d'après le savant Nieuwentyt) que l'homme est borné dans ses forces ;
que dans peu de jours, il seroit sans vie et
totalement épuisé, si une matière étrangère
ne venait réparer la perte de sa substance qui
s'exhale sans cesse.... Ici, je vois toute la nature
travailler au maintien de son existence, tandis
qu'en lui se trouve l'ouvrage le plus accompli,
pour

pour inviter tous les élémens à concourir à sa conservation. Examinons, en grand, l'admirable rapport de tant de causes différentes, et nous verrons l'homme être l'objet le plus cher à la nature.

Je me transporte sur le bord d'un champ, et fixe mes regards sur le cultivateur qui jete dans la terre le grain qui doit former ma nourriture : je prends ce grain sur ma main, et réfléchis sur toutes les métamorphoses qu'il aura à subir, avant de s'incorporer à ma substance, et de pouvoir réparer mes forces : je l'abandonne ensuite ; la charrue passe, et bientôt la Terre le dérobe à mes yeux.

Que produirait cette première opération ?... Suffirait-elle pour en retirer ce que l'homme en attend, si tout demeurait dans cet état ?... non : si soigneusement que fût préparée cette Terre ; de si bonne qualité qu'on la supposât ; si propice que pût être la saison, pour ce premier travail ; le laboureur trompé n'en retirerait aucun fruit, et ses sueurs seraient sans récompense, si une infinité d'accidens étrangers ne venaient féconder ce germe, et lui donner l'accroissement qui lui convient. Dans peu de temps, cette Terre ne serait plus qu'une masse aride, sans suc, et privée de ce principe salutaire, l'ame de toutes ses productions. L'espèce humaine se verrait destinée à une dissolution prochaine, et inévitable ; toutes les créatures animées disparaitraient de la Terre, en tombant dans la langueur, et expirant dans les déchiremens d'une mort lente et cruelle.

Quels phénomènes verrons-nous s'opérer, pour éloigner de nous des maux si affreux ?... Si je dois à l'homme mon existence, cet homme fera-t-il lever le Soleil pour la soutenir ?... Cet homme fera-t-il que ce Soleil pompe, par sa chaleur, les vapeurs qui doivent former la pluie ?... Cet homme fera-t-il que cette pluie me soit apportée des Mers les plus lointaines, et que l'air, par une violente agitation, vienne ainsi rendre cette Terre féconde, en traînant avec lui ces eaux salutaires, auxquelles mon existence est attachée ?.... Ce n'est pas tout encore : le Soleil, par la même chaleur qui a servi à former la pluie, ranimera, échauffera, à son tour, cette Terre ; et par cette sage combinaison, elle produira son germe, et l'espèce humaine subsistera.

Après avoir, en premier lieu, considéré le grain qui a été enfoui, j'examine ensuite la plante qui en provient : elle a une tige qui se divise quelquefois en plusieurs branches, s'élevant à une hauteur qui souvent surpasse la mienne. Chacune de ces branches est telle qu'elle doit être, pour pouvoir résister aux efforts des vents, et à ceux de la pluie. J'observe que si mon corps doit son soutien et sa force, aux os qui forment, en quelque sorte, sa charpente ; de même, la plante aura ses nœuds qui lui donneront la consistance nécessaire pour l'empêcher de périr, en cédant à la plus petite agitation. Je pénètre encore plus avant dans cette curieuse spéculation, et je vois qu'au bout de chaque tuyau, se forme un épi composé de plusieurs petites loges, dans chacune desquelles sera contenu un grain, semblable à celui duquel est provenue toute la plante. En considérant ensuite toutes les branches qui tiennent souvent à la même tige, et comptant les grains renfermés dans les épis de chaque branche, ce nombre de grains s'élèvera et surpassera quelquefois celui de 1000 (a). Ce précieux résultat me conduit à la réflexion suivante : comment, d'un seul grain, puis-je aujourd'hui

-----

(a) Dans un champ appartenant au Citoyen Girard, vigneron à Chartres, un grain de blé a produit 37 épis. Les 37 épis battus ont produit 1,653 grains.

Ce fait a été publié et garanti, il y a peu d'années, par le rédacteur de la feuille du département d'Eure-et-Loire.

retirer une si belle récolte ?.. Par quels secrets s'est opérée une si étonnante multiplication ?... Si je donne à un artiste une livre de matière quelconque, et que je lui dise : gardez ceci, et faites que dans neuf mois vous me rendiez de la quantité que je vous donne, un quintal de la même matière. Que me répondra cet artiste ?... Que cela lui est impossible, sans doute, et qu'il n'a aucun moyen d'opérer un semblable prodige. Voilà, cependant, celui qui s'effectue annuellement sous nos yeux, et auquel on n'est insensible que parce qu'il est trop commun.

Me dira-t-on que, dans cet exemple, le cas n'est pas le même, et que quoique le grain jeté dans la Terre soit la cause occasionnelle de la plante, il n'en est pas pour cela la seule cause productrice, attendu qu'il s'y mêle beaucoup d'autres parties extraites de la Terre, combinées avec l'eau, l'air, le feu ?.... Je demanderai alors comment cette fabrication s'opère-t-elle ?... Prenez de la Terre séparément et soumettez-la à toutes les expériences des *Lavoisiers* et des *Fourcrois*, en extrairont-ils quelque matière qui ait de l'analogie avec celle du Froment ?... Ils pourront, par des lotions, ou autres opérations chimiques, trou-

ver cette Terre ou plus acide, ou plus alkaline,
ou plus chargée d'alkali volatil, mais avec
toutes ces qualités feront-ils du pain, ou quelque chose qui me nourrisse ?..... Allons plus
loin.

Cette matière nutritive sera broyée, et de
nouveau, combinée avec l'eau pour être réduite
en pâte. Il faudra, ensuite, que la trop grande
quantité d'eau qui se trouve dans cette pâte,
en soit extraite par l'action du feu, qui la
réduira proprement en aliment qui me con-
vienne. Parcourons maintenant les diverses éla-
borations qu'aura à subir cet aliment, avant
qu'il puisse s'adapter ou s'unir à ma substance.

Si je voulais m'arrêter sur la structure de
toutes les parties qui composent mon corps ;
en faire appercevoir le merveilleux méchanisme ;
entrer dans le détail des mille causes qui con-
courent à une opération, sans la moindre desquelles tout ce rapport serait rompu ; il faudrait
me résoudre à composer un traité particulier
que l'on pourrait étendre presque à l'infini...
Mon objet n'est pas celui-là, et ne contemplant
la nature que dans ses grandes opérations, je
me bornerai, ici, à suivre les alimens jusques
à leur destination.

Dans cette vue générale , j'observerai premièrement que le Créateur a ajouté à la structure de mon estomac , un sentiment qui m'avertit quand j'ai besoin de nouveaux alimens ; que ce sentiment , pour n'être ni détruit ni négligé , est accompagné d'une espèce de volupté que je trouve à manger , quand la faim indique en moi le besoin de prendre ; que pour satisfaire à ce besoin , je porte les alimens dans la bouche , d'où , après les avoir broyés et humectés de manière à pouvoir les avaler sans peine , ils coulent dans l'estomac , par un canal admirablement construit pour cet effet , et que les gens de l'art appellent *Æsophase*. Les alimens ainsi broyés et imbibés d'une salive qui fait ici l'office d'un véritable ferment , séjournent un certain temps dans l'estomac , et y sont convertis en une espèce de bouillie que les médecins nomment *Chile*. Je n'entre pas dans la cause d'où dépend la digestion , parce qu'elle n'est pas encore parfaitement connue ; les uns veulent la faire dériver d'un seul principe de fermentation ; d'autres prétendent qu'elle s'opère seulement par trituration , et peut-être ces deux causes y concourent-elles conjointement ; mais quoiqu'il en soit , après que les alimens ont été préparés dans l'estomac , ils poursuivent leur route pour servir de nourriture au corps.

J'observe qu'en sortant de l'estomac , en chile , ils pénètrent dans les Intestins, où tout ce qui est propre à la substance du corps est séparé de ce qui lui est inutile ; que la première matière qui contient le suc nourricier, est transportée dans les vaisseaux ou veines *lactées* , tandis que le reste ou la partie grossière des alimens , est portée dans l'Intestin droit, d'où elle s'écoule par les déjections. Revenons actuellement à la route que suit le chile ou suc nourricier , pour se répandre dans toutes les parties du corps , et réparer les pertes qu'il fait continuellement.

Je découvre que , dans les membranes du canal intestinal , existent des ouvertures latérales , qui sont les extrêmités d'autant de petits canaux , que les médecins appellent comme nous l'avons dit plus haut , *veines lactées* ; et que , dans ces petits conduits s'introduit la partie la plus subtile des alimens , ou le chile préparé , qui prend alors la forme d'une matière laiteuse ou liqueur blanche , (ce qui a fait appeler ces vaisseaux , veines lactées.) J'observe que toute cette substance, ainsi formée , est portée dans un réservoir que les anatomistes nomment réservoir du chile ou de *Péquet* ; que dans ce reservoir , le chile se mêle avec une humeur aqueuse , qu'on appelle

Limphe, ce qui le rend plus fluide. Qu'ensuite ce chile et cette limphe, ainsi mêlés, poursuivent leur route, en montant dans la poitrine, le long de l'épine du dos, depuis ce dernier réservoir, et aboutissent, par un canal nommé *Torachique*, à la veine *souclavière* gauche ; de laquelle se rendant dans la veine *cave*, parviennent au cœur. Là, se mêlant avec le sang, ces substances sont portées dans tout le corps, pour lui servir de nourriture... Voilà, enfin, la matière du grain que j'ai vue dans les mains du laboureur, unie à ma propre substance, et identifiée avec mes os, ma chair, mes veines et toutes les parties de mon corps. (*a*)

Ce n'est pas encore tout : après que ce sang a été distribué jusques dans les plus petites parties de mon corps, par des vaisseaux qui ne ressemblent qu'à des cheveux, et que pour cette raison on nomme *vaisseaux capillaires* ;

(*a*) Ceux qui voudraient voir tout ce détail anatomique encore plus approfondi, peuvent consulter le savant ouvrage du célèbre Nieuwentyt, médecin, traduit de l'Hollandais, intitulé : *de l'existence de Dieu, démontrée par les merveilles de la nature*. On ne peut voir en ce genre, rien de plus curieux et de plus satisfaisant : la partie que j'ai traitée ici contient plus de 60 pag. in-4.°, dans cet excellent ouvrage, où tout est suivi et considéré dans le plus petit détail. Que dé choses à admirer, et qu'il est beau de savoir ainsi étudier la nature !

ce

ce même sang est reporté de ces mêmes parties au cœur, par d'autres vaisseaux qui sont proprement les *veines*, pour en être encore de nouveau rechassé et suivre sa première route : c'est ce mouvement continuel qui se nomme *circulation*, et qui est entretenu par l'air extérieur introduit dans mes poumons par *l'inspiration*, et qui en est aussitôt repoussé par la contraction de ce viscère, qui, dans nos corps, fait les fonctions d'un Soufflet, et nous représente le principe d'un mouvement perpétuel que tous les méchaniciens ont jusqu'ici cherché inutilement. A la vue de tant de prodiges, en attribuerai-je la cause au hasard ? Et tant de justesse, tant de précautions me seront-elles démontrées, sans me convaincre de l'existence de ce premier Être qui a tout créé, et par lequel tout subsiste ?

Mais après avoir considéré tant de merveilles, je me demande : *est-ce là l'homme ?*.... J'ai vu jusqu'ici des os, des muscles, du sang, des nerfs, des vaisseaux, des fibres et plusieurs autres parties constituant cette admirable machine ; mais tout cela peut-il produire ce sentiment d'admiration qui me transporte à la vue d'un si bel ouvrage ?... Non, et disons hardiment, non. Toutes ces parties, quelque déliées

N

qu'elles soient , fussent-elles aussi subtiles que la flamme , ne sauraient produire une idée , ni faire naître une sensation. Je sais tout ce qu'on a dit pour établir que la matière pouvait penser ; que nous ne connaissions pas toutes ses propriétés , et que ce serait borner la puissance du Créateur que d'avoir une opinion contraire. Vaines raisons , échapatoires ridicules : tous les raisonnemens du profond méditatif Anglais , et toute la méthaphysique contenue dans le traité de *l'entendement humain* ne sauraient me donner idée de la matière , sans me donner, en même temps , celle de l'étendue. Or , toute chose qui a longueur , largeur et profondeur ne saurait convenir à la pensée , ni à aucune affection de l'ame : quand je vois le malheureux qui souffre , et qu'un mouvement moral me portant à le secourir , me fait, en même temps , goûter la joie la plus pure en le soulageant dans ses maux ; je sens, dis-je, que ces sensations ne dérivent de rien qui soit quarré , oblong ou triangulaire , et qu'elles ne sauraient être produites par aucune cause qui tienne de ces dimensions. (a)

(a) Cicéron fesait une telle distinction de ces deux substances qui constituent notre Être, qu'il ne regardait le corps que comme un vaisseau, ou le domicile de l'ame; voici comment s'exprimait ce célèbre orateur : *nam corpus quidem quasi vas est, aut aliquid animi receptaculum.* Tuscul. I. 22.

Locke semble faire entendre que toute la prérogative de la pensée dérive uniquement de la plus grande per

Quelle sera donc la nature de cette substance pensante qui imprime le mouvement à mon être matériel ?... Je l'ignore, et suis, de plus, assûré que tous les savans qui viendront après moi ne seront, sur cela, ni plus instruits, ni mieux informés que tous ceux qui m'ont précédé. Il me suffit de savoir que le principe de ce qui pense en moi n'est pas matière, et bien convaincu que l'homme ne pourra jamais connaître ni se former d'idée d'une telle substance, je ne m'embarrasse pas dans des recherches infructueuses, pour former des hypothèses, ou absurdes ou contradictoires.

Voudra-t-on m'objecter que je ne peux, du moins, nier que la matière n'agisse, et qu'il est ridicule d'imaginer que quelque chose qui n'est pas matière puisse agir efficacement sur la matière même, telle que celle dont est formé mon bras, quand il agit et se meut, par le seul acte de ma volonté. Mais ceci est

---

fection de nos sens : mais, pour ruiner une si fausse opinion, il suffit de considérer qu'il existe des brutes qui ont, sans contredit, leurs facultés corporelles plus subtiles, et infiniment plus déliées que les nôtres. Cependant, nous ne voyons pas que nos Renards ni nos Chiens soient, ou plus rusés, ou plus habiles que ne l'étaient ceux qui existaient du temps d'Alexandre ou de Semiramis.

Donc, la *pensée* n'est pas l'*instinct*, et que cette faculté dans l'homme ne doit pas être confondue avec les sensations qui font mouvoir les brutes.

N 2

moins une objection qu'une suite de ce que nous avons déjà reconnu, et c'est vouloir expliquer une difficulté par une égale difficulté. En reconnaissant que mon ame agit sur la matière, je reconnaîtrai en même temps que j'ignore comment s'exerce cette action. D'après le principe que j'ai posé sur la nature de l'ame, il me doit être impossible de raisonner sur une substance que je ne connais pas, et que ceux qui me combattent ne connaissent pas mieux que moi. J'imite, à cet égard, l'immortel philosophe que l'Angleterre a produit après Locke ; je sais reconnaître les bornes posées à l'esprit humain, et c'est en quoi je fais consister ici la véritable sagesse. (*a*)

Dé cette dernière réflexion, cependant, relative à l'action de l'ame sur le corps, j'observe, d'après le savant auteur Hollandais que j'ai déjà cité, que le Créateur, dans cette union, a voulu marquer, comme dans bien

***

(*a*) Au sujet de l'union de l'ame et du corps, je rapporterai ici une belle pensée de Voltaire, contenue dans un de ses ouvrages sur la philosophie de Newton.

Après que le Poëte français a exposé les différens systêmes de presque tous nos philosophes, sur l'union de l'ame et du corps, il se fait l'interrogation suivante : Savez-vous lequel de tous ces systèmes embrassait le chevalier Newton?.... *Aucun...* Que savait donc ce grand homme, dit-il après, qui avait découvert les loix de la pesanteur, et soumis l'infini au calcul ?..... Il savait douter.

d'autres circonstances, qu'il n'agissait pas d'une manière forcée, et a limité cette action de l'ame aux parties qu'il lui a plu : je ferai mouvoir mes bras, mes mains, mes jambes, ma tête, mes yeux, ma langue ; mais je ne saurais communiquer le moindre mouvement aux parties purement animales, et qui servent à ma conservation, telles que le cœur, les poumons, les artères, l'estomac, les intestins. Cette observation me porte, de plus, à reconnaître qu'un semblable ouvrage ne saurait être une suite nécessaire des loix de la nature, qui agit toujours de la même manière : il faut donc qu'un Être suprême ait nécessairement limité les actions de cette ame, attendu que certaines parties de mon corps sont à la disposition de ma volonté, et que d'autres en sont indépendantes ; donc, encore, ces dernières ne paraisent dépendre immédiatement que du Créateur, et que les autres, telles que la langue, et les mains, sont soumises à mon libre arbitre, comme pour invoquer ce suprême bienfaiteur et chanter ses louanges. Pourrai-je, sans crime, me refuser à un hommage si justement mérité !..... Je sens déjà que tout mon être se dirige vers ce principe unique duquel il émane, de qui il tient sa conservation, et que tout me retrace sous les dehors d'une bonté qui tient de la magnificence.

Aurai-je une ame pour admirer tant de grandeur, et demeurer insensible à tant de bienfaits ?... Si je suis reconnaissant envers la main qui m'apporte un verre d'eau, mon cœur restera-t-il froid envers l'Être qui fait couler les fleuves ?..... M'enivrerai-je de ses libéralités, ou de ses dons, sans reconnaître la main qui me les dispense ?... Non : je veux m'élever à lui, et chercher à le connaître autant que ma faible intelligence pourra m'en faire approcher. Ah ! si je pouvais me fixer sur l'hommage qui lui convient !.... Si je consulte mon cœur, je sens que l'amour et la reconnaissance sont les bases, ou, plutôt, l'essence du culte que je dois lui rendre.

DE DIEU.

En cherchant à connaître mon ame, j'ai jugé qu'elle était une substance pensante, et conséquemment un Être immatériel, insécable, de la nature duquel je ne pouvais me former aucune idée ; mais j'ai reconnu, en même temps, qu'en ignorant la nature de cette ame, on en connaissait ses principaux attributs, tel, entr'autres, *l'intelligence* qui conduit l'homme dans la construction de plusieurs ouvrages, où se découvre cette faculté directrice, sans laquelle on ne verrait rien qui fut fait avec justesse, ordre et arrangement. Cette faculté a son principe dans la *conception*, autre attribut de l'ame qui diffère encore de l'intelligence, quoiqu'ils aient beaucoup d'analogie l'un avec l'autre.

De cette première considération, je conclus que Dieu étant l'auteur de l'univers où brille un ordre si admirable, est nécessairement un Être souverainement intelligent, infiniment puissant ; un Être éternel en qui réside toute perfection. Or, tout être pensant, tout être intellectuel ne peut qu'être séparé par sa nature de tout ce qui tient à la matière : Donc l'essence d'un tel Être me sera aussi impénétrable que celle de mon ame, parce que je ne saurais jamais me former d'idée d'une substance immatérielle. Ainsi, jugeant par analogie, je m'abstiendrai de la folle prétention de connaître Dieu en son essence, et je suis dès ce moment convaincu, qu'il ne peut se dévoiler à mes perceptions autrement que par ses attributs, et même d'une manière imparfaite. Mais en me livrant à cette recherche, j'ai déjà fait un grand pas vers la connaissance de mon être, puisque j'ai déjà découvert en lui un principe qui le rapproche de la Divinité même ; (ce qui fesait dire au prince de l'éloquence , comme de la philosophie payenne : *Quiconque découvrit les diverses révolutions des Astres , fit voir , par-là , que son esprit tenait de celui qui les a formés dans le Ciel*). Il pense , il réfléchit , il a de l'intelligence , et quoiqu'il n'exerce ces facultés que d'une manière très-bornée et fort imparfaite , elles ne laissent pas de faire appercevoir une espèce de ressemblance entre l'homme et le Créateur , autant qu'il peut en exister entre toute chose qui est créée et un Être éternel existant de sa propre nature. (a)

Ce rapport si frappant pourrait-il ainsi avoir été établi entre l'homme et le Créateur , sans qu'il dût être entretenu par un rapprochement continuel qui porte l'un à reconnaître sa dépendance , à témoigner son amour et sa reconnaissance ; comme l'Être infini , de son côté , se

---

(a) L'Orateur romain , que nous avons déjà cité , avait senti ces vérités lorsqu'il disait : « Quelle que soit donc » la nature d'un Être qui a sentiment , intelligence , » volonté , principe de vie : cet Être-là est céleste , il » est divin , et dès-là immortel. » *Ita quidquid est illud , quod sentit , quod sapit , quod vult , quod viget , cœleste et divinum est : ob eamque rem æternum sit necesse est.*

Si notre philosophe était censé avoir déjà une connaissance des Livres saints , on pourrait ici appuyer son opinion de ces paroles de l'écriture : *et creavit Deus hominem ad imaginem suam.* Gen. i, 27.

plaît

plaît à manifester sa toute puissance, sa grandeur et sa bonté ? .... O homme, considére et descends dans ton cœur !

Je vais plus loin et consulte les livres des Philosophes qui ont traité de la divinité; je me transporte dans l'antiquité, et je trouve que les peuples les plus grossiers, les nations les moins civilisées ont de tout temps conservé l'idée d'un être Créateur et conservateur : qu'il n'en est point qui n'aient cherché à lui rendre un culte, à la vérité, bizarre et souvent fantastique, en se représentant la divinité sous les idées qui pouvaient le plus la faire méconnaître ; mais l'hommage qu'ils rendaient, quel qu'il fût, annonçait que ces peuples reconnaissaient au-dessus d'eux un être qui avait l'administration générale de l'univers, et de qui tous les autres dépendaient.

Si je voulais raconter sous combien d'idées et de formes, ce Dieu a été imaginé, ce serait m'engager dans un détail aussi ennuyeux au lecteur qu'avilissant pour l'espèce humaine; je me contenterai de rapporter, en abrégé, ce qu'en ont pensé les anciens peuples qui ont le plus brillé dans le monde.

Les philosophes Chaldéens honoraient la lumière comme l'élément, par le moyen duquel l'ame universelle, avait produit le monde, ou plutôt duquel elle l'avoit tiré, attribuant de plus à chaque production, à chaque être, à chaque phénomène, à chaque opération de la nature, un génie particulier qu'ils regardaient comme bienfaisant ou malfaisant, selon que l'événement ou l'effet leur paroissaient salutaires ou malheureux.

Les Philosophes Persans crurent, à leur tour, que le feu étoit le principe, la matière de tous les corps, et la force motrice qui agitait tous les élémens. Ils bâtirent sur cela des systêmes tout-à-fait ridicules.

Les Egyptiens, ce peuple d'ailleurs si sage, si instruit, attribuèrent à l'eau le principe général qui avait produit tous les corps : ils crurent que cet élément était l'agent par le moyen duquel l'ame universelle avait tout créé ; ce qui paraîtra moins absurde, quand on considérera que c'était à l'eau que l'Egypte devait sa fécondité. Mais ce qui est digne de remarque, c'est que ces différens peuples, dans les ténè-bres-mêmes de leur raison, recouraient toujours à cette ame universelle qu'ils regardaient comme cause intelligente, antérieure à tout.

Les Philosophes Indiens avaient eu, sur cette matière, les idées les plus bizarres, et avaient imaginé le système le plus compliqué : ils reconnaissaient deux puissances, l'une pour le gouvernement du ciel, qui était selon eux, celle qui administrait avec le plus de sagesse et de régularité ; et n'admettaient pour la terre, qu'une force sans raison, à cause des désastres qui s'y opéraient.

A extraire de toutes ces opinions ce qui peut y paraître le moins déraisonnable, que pourrions-nous reconnaître qui donnât de l'être Créateur une idée tant soit peu satisfaisante ?

Si nous descendons de ces temps reculés et de ces siècles barbares, pour pénétrer dans ces fameuses écoles de la Grèce, érigées par ces Philosophes célèbres qui ont rempli le monde de leurs noms ; nous trouverons, à la vérité, quelque chose de moins grossier, même quelquefois des idées sublimes ; mais dans l'ensemble de cette doctrine, nous ne reconnaîtrons ni cohérence dans les principes, ni conséquences justes des principes mêmes qu'ils avaient souvent établis. Un exposé simple des systèmes que les principaux de ces Philosophes ont voulu établir, nous fera connaître toutes les extravagances dans lesquelles peut donner l'esprit humain, quand il ne marche qu'au flambeau de sa faible lumière.

Thalès, le premier des sept sages de la Grèce, qui avait voyagé chez plusieurs nations policées, pour faire, disait-il, acquisition de science : Cet homme, *effectivement* habile pour son temps en géométrie, adopta le système des Philosophes Égyptiens, qui admettait *l'eau* comme l'élément général d'ou sortaient tous les corps.

Pythagore qui ne vint aussi qu'après avoir voyagé en Egypte, en Perse, et chez les Indiens, n'en rapporta pas des idées plus saines sur la connaissance de l'être créateur : il admettait, à la vérité, une intelligence suprême, mais il voulait aussi qu'il y eût une force motrice sans intelligence, et de plus, une matière sans forme et sans mouvement : de sorte qu'il posait trois principes, et de leur combinaison, en fesait résulter tous les phéno-mènes de la nature. Si notre objet n'était pas d'exposer, plutôt que de combattre les systêmes de ces philosophes, il serait facile de démontrer combien il répugne de faire co-exister ces trois principes séparément, sans les faire dériver de la même puissance ; ou plutôt, sans admettre un principe unique.

On connaît assez son systême de la métemp-sycose, ou transmigration des ames dans les corps.

Anaximandre, Anaximène et Anaxagore, furent tous d'avis différens. Le premier n'a vraisemblablement jamais eu d'idée nette de ce qu'il voulait enseigner. Il admettait fort bien un *esprit infini*, mais par cela même qu'il le supposait infini, il contenait tout, produisait tout et *était tout*, par son essence ; de manière, qu'à proprement parler, la cause produisante ou productrice, était la même que la chose produite. Il eût été plus simple de dire comme Spinosa ou nos Athées modernes : *Il n'est d'autre Dieu que la nature entière* ; et d'après ce système, nous trouverons que la planète que nous habitons a pensé sagement dans nos intérêts, en se plaçant dans l'orbite qu'elle parcourt ; car, à une plus grande distance du soleil, nous aurions pu nous morfondre ; et plus rapprochés de cet astre, nous aurions couru le risque de nous calciner ; ce qui, cependant, ne lui donnerait aucun avantage sur les autres planètes, si, par exemple, Saturne ne s'est proposé que de faire voyager des êtres de glace, comme Mercure des Salamandres. (*a*)

Le second (Anaximène) crut que cet être infini était l'*air* ; et un autre, après lui, enseigna même que cet air était intelligent.

____

(*a*) *Salamandres*. Les prétendus esprits du feu chez les Cabalistiques,

Anaxagore paraît avoir été le plus ingénieux de tous : il imagina que tous les corps, en particulier, étaient produits par d'autres petits corps, semblables aux premiers, et, qu'un esprit universel réunissait ; mais il ne parlait pas de l'esprit qui avait créé les petits corps : de façon que d'après Anaxagore, le soleil tire son origine de beaucoup d'autres petits soleils ; la terre, de plusieurs petites terres ; conséquemment, notre ame dérive de plusieurs autres petites ames qui, jointes ensemble, ont formé une ame entière. Voilà les idées d'un Philosophe, qui disait n'être venu sur la terre que *pour contempler le soleil, la lune et les étoiles.*

Archélaüs, disciple de ce dernier, prétendit sérieusement que le froid et le chaud avaient produit tous les corps.

On aurait de la peine à croire que Socrates se fût laissé séduire par les idées d'Anaxagore, sur la formation du monde ; mais ce Philosophe si célèbre se trouvant arrêté, pour expliquer la cause qui avait produit l'ordre admirable qui règne dans l'univers, ne poussa pas plus loin ses conjectures, et abandonna l'étude de la physique, où il ne trouvait que des mystères impénétrables, pour se tourner vers celui de la morale.

Platon, enfin, le divin Platon parcourut les différentes écoles des Philosophes, et paraît n'avoir eu aucun sentiment fixé sur tous les systèmes qui s'y enseignaient. Il s'éleva, à la vérité, à des idées bien plus sublimes que n'avaient eu de la divinité tous ceux qui l'avaient précédé ; mais il ne fut pas exempt d'inconséquence dans l'idée qu'il s'en forma. Il admit l'existence d'une intelligence suprême, mais de ce qu'il la supposa immatérielle, simple, indivisible, il ne crut pas qu'elle pût agir immédiatement sur la matière, pour la mouvoir, ou lui communiquer le mouvement qu'il reconnaissait : ainsi, il crut devoir supposer un être intermédiaire, entre la matière et cette intelligence : pour cela, il imagina que cette intelligence avait créé une ame qui avait quelque rapport avec les êtres matériels, et pouvait produire la force motrice. De-là, il distribua des *portions* de cette ame dans toutes les parties du monde ; lesquelles portions furent, ou des génies, ou des démons, ou des Dieux, pour produire, ou un astre, ou une plante, ou un animal. Voilà, en substance, le système de Platon dans lequel on peut remarquer, comme une chose bien singulière, que ce grand homme ait refusé à *l'intelligence suprême* la puissance d'imprimer le mouvement à la matière, pour lui attribuer, en même temps, celle de créer une ame qui, à cet égard, fût plus puissante qu'elle. (Plat. *in tim.*)

Zénon vint ensuite et créa un autre système : il voulut que le feu fût l'ame du monde, et que ce feu agît même avec intelligence. Il étoit en cela aussi fondé que Diogène d'Appollonie, qui avait aussi prétendu que *l'air* était intelligent.

Nous ne dirons rien d'Epicure ni de ses atomes, malgré que Gassendi son panégyriste ait tenté de réhabiliter ce système, environ dix-sept siècles après l'auteur grec.

Enfin, nous voilà à l'instituteur d'Alexandre, le chef de l'école Péripatéticienne. Aristote s'écarta encore davantage du système de Platon, et supposa une matière éternelle, des formes éternelles, et enfin un mouvement éternel et nécessaire, pour réunir ces formes et produire tous les corps, en admettant, toutefois, un *premier Moteur*, intelligent, sage et immatériel. Je réfuterai Aristote, par les propres expressions du célèbre Bossuet : *comment ne pas comprendre que si la matière est d'elle-même, elle n'a pas du attendre sa perfection d'une main étrangère ; et que si Dieu est infini et parfait, il n'a eu besoin pour faire*

tout

tout ce qu'il voulait que de lui-même, et de
sa volonté toute puissante.

Straton et plusieurs autres Disciples d'Aristote
furent, encore, d'opinions différentes de leur
maître. (a)

Voilà donc les lumières que peuvent me
donner, sur la divinité, tous ces fameux
Philosophes qui se sont rendus si célèbres
par leur doctrine, et semblaient n'avoir été
créés que pour éclairer l'univers. Que conclure
de tant de contradictions et d'absurdités ?...
Sont-ce des notions qui puissent satisfaire
ma raison, et fixer un homme sage ?......
Doit-on croire, même, que leurs auteurs en
fussent satisfaits ?.... non, sans doute; et il
est évident que toutes ces conjectures étaient,
au fond, appréciées par leurs inventeurs, et
n'auraient su produire en eux la moindre conviction.

Cherchons à trouver ailleurs des idées plus
convenables à la divinité.

DES DIFFÉRENTES RELIGIONS DES PEUPLES.

Un célèbre Philosophe moderne a dit qu'il

(a) On peut voir les différens systêmes de ces Philosophes dans l'excellent ouvrage de M. Pluquet, intitulé:
*Mémoires pour servir à l'histoire des égaremens de l'es-
prit humain.* (disc. prel.)

P.

croyait toutes les religions bonnes, quand on y servait Dieu *convenablement* : cette proposition, et surtout son dernier membre, exige une explication.

Dans l'idée que je me suis formée jusqu'ici de toute religion, j'ai cru devoir faire entrer pour premier devoir, relativement à l'homme, le culte ou l'honneur qu'il se propose de rendre à la divinité :

D'après ce principe qui me paraît incontestable, puis-je croire que Jean-Jacques pût penser que ce soit servir *convenablement* la divinité, en l'adorant comme font certains peuples de l'Inde, sous la forme d'une tête de Vache ? En la comparant à l'Éléphant blanc, à l'exemple des Siamois ? Est-ce servir convenablement la divinité, en faisant comme les Samoïedes, qui adorent le diable pour elle ? .... Je crois que le Philosophe de Genève n'entendait pas que de pareilles injures, faites au Créateur de l'univers, pussent être regardées comme un culte ou une religion qui lui fût *convenable*. D'après cette considération, je ne mettrai pas au nombre des religions toutes ces pratiques, et d'autres encore aussi bizarres, que je m'abstiens de rapporter, par honneur pour l'espèce humaine.

Ainsi, mettant de côté tout ce qui tient à de si grosières superstitions, je ne verrai la terre divisée qu'en trois religions principales, savoir : celle des *Juifs*, celle *des Chrétiens*, et celle des *Mahométans*. J'observerai, de plus, que, dans cette division, je ne séparerai pas les Samaritains du peuple Juif, pas plus que je ne séparerai les Chrétiens, des Luthériens ou des Calvinistes. Non que je considère ces différentes sectes sous le même rapport, parce que la vérité nécessairement est *une*. Mais je n'entrerai pas dans ces divisions, par la raison que je n'examine rien que dans la source, et que le principe est toujours le même, puisque les Calvinistes, les Luthériens, et beaucoup d'autres sous-sectes en dérivant, croient à la divinité de Jesus-Christ, comme les Catholiques, et ne sont pas moins opposés que ces derniers, aux Juifs et aux Sectateurs de Mahomet.

Mon dessein étant donc de chercher à connaître Dieu, autant qu'il dépendra de mes facultés, pour lui rendre l'honneur ou le culte que je croirai lui être *convenables*, je vais tâcher d'employer une méthode qui puisse me guider dans mes recherches. Je suis dans ce moment entièrement ignorant sur les trois religions que j'ai à considérer ; mon premier objet sera de les examiner par leurs caractères distinctifs : enfin, je me fixerai à celle dont la vérité me sera démontrée, persuadé d'avance que si Dieu s'est manifesté aux hommes, il n'a pu prendre deux voies opposées, et parler aux uns d'une manière différente de celle qu'il aurait employée pour d'autres.

Mon premier soin est de me munir de trois ouvrages ou histoires différentes, contenant les principes de ces diverses religions. Pour cela, je m'adresse à un *Juif* qui me prête les écrits de Moyse et des prophètes qui sont venus après lui, formant ce qui s'appelle communément l'*ancien testament* : ce Juif me communique, de plus, un autre livre contenant leurs traditions et les règles établies par les plus sages de leurs Rabbins et les plus éclairés de leurs docteurs ; ce livre qui est en grande vénération chez les Juifs se nomme *Talmud*. Je m'adresse ensuite à un *Chrétien* qui me pourvoit d'un Évangile, de plusieurs épîtres, et enfin d'une petite narration historique, intitulée : les *actes des Apôtres*. Ce chrétien m'allègue encore pour écriture servant à établir sa foi, les mêmes auteurs que le Juif m'a mis entre mains, tels que Moyse, Isaïe et plusieurs autres.

Enfin, je viens à un *Musulman* qui me donne son *Alcoran*, ouvrage contenant la loi du fondateur de la religion Mahométane. J'ai de plus, l'histoire particulière de ce nouvel Apôtre. (*a*)

Le premier qui est *Moyse* se donne pour le libérateur de sa nation, et s'annonce comme *envoyé* de Dieu. *Jesus-Christ* se dit aussi l'envoyé de Dieu, fils de Dieu et *Dieu* lui-même. *Mahomet*, qui n'est venu qu'après les autres, prend la qualité de *prophète*, dit avoir eu des révélations, et feint de parler en inspiré. Il reste à considérer lequel des trois méritera ma créance, si, toutefois, quelqu'un d'eux me paraît avoir parlé ou agi avec caractère d'envoyé de Dieu, ou avec celui de Dieu même.

Je remarque que pour faire croire à sa doctrine, Mahomet lève des troupes, et se fait des sectateurs, le fer à la main.

Moyse, au contraire, se refuse à la mission qu'on veut lui donner à cet égard, et s'en excuse en disant : *qui suis-je, Seigneur, pour aller vers Pharaon, et pour faire sortir*

______

(*a*) Voyez *Gagnier*, en la vie de Mahomet. Ouvrage où l'on voit une peinture fidèle de toutes les extravagantes absurdités que ce missionnaire conquérant a voulu accréditer, comme produites par une inspiration divine.)

de l'Egypte les enfans d'Israel ? . . . . (*a*) Non seulement il refuse ce ministère, par cette première excuse tirée de son humilité, mais il ajoute, ensuite, que sa difficulté de parler ne le rend pas propre à le remplir. *Obsecro domine, non sum eloquens.* (*b*) Il faut des ordres réitérés pour l'y contraindre.

Jésus n'emploie que la douceur et la persuasion, il fait du bien partout où il passe, et loin de donner la mort, il s'y livre volontairement pour le salut de son peuple.

D'après ces premiers caractères, Mahomet n'a pas l'avantage, et ne se présente pas encore comme l'organe de la vérité : poursuivons.

Je veux m'instruire de quelle manière Mahomet a manifesté ses révélations immédiates avec le Dieu dont il se disait l'envoyé ou le prophète, et je découvre qu'il n'a produit aucun témoin. S'il faut en croire toute l'histoire, il a présenté le temps de ses attaques d'épilepsie, à laquelle il était sujet, pour celui que l'être suprême destinait à l'instruire.

Moyse agit-il ainsi ? . . . . Non : il opère en présence de son peuple et même des nations étrangères, les plus étonnans prodiges, et ne

______

(*a*) Exode. 3. 11
(*b*) Id. 4, 10, 13, 14.

cesse de les rappeller en témoignage, quand il veut prouver son autorité. Dieu lui parle au milieu des tonnères et des éclairs, et tous ceux qui le suivent en sont les témoins comme les spectateurs effrayés. La montagne sur laquelle Moyse recevait la loi se montre couverte de fumée, *et dans la crainte et l'effroi dont le peuple est saisi, il se tient éloigné.* (a)

Jesus invoque toute la nature à lui rendre témoignage : à sa parole, la mer appaise ses flots (b), les morts sortent des sépulcres et sont rendus à la vie ; toutes les maladies du peuple sont guéries ; et s'il va sur la montagne pour attirer sur sa personne un rayon de sa gloire, il prend trois témoins avec lui qui puissent l'attester et le publier après sa mort. (c)

Mahomet défend à ses sectateurs de disputer sur sa doctrine avec les étrangers, et de ne

---

(a) Ex. 20. 18.

(b) Math. 8. 26.

(c) On pourrait peut-être m'objecter ici que je tombe dans le cercle vicieux, en supposant prouvé ce qui est encore en question : savoir, *la réalité des miracles de Jésus.*

A cela je répondrai que cette matière sera subséquemment traitée dans un chapitre qui n'aura que ce seul objet ; et qu'ici, ce n'est qu'un simple apperçu de nature à donner une première impression à notre observateur.

répondre aux objections des contradicteurs, que par le *glaive*.

Moyse, au contraire, donne sa loi en portant publiquement les tables qui la contenaient ; et cette loi est si peu faite pour demeurer cachée ou ensevelie, que ses principales bases ont été comme le fondement de la société humaine.

Jesus va dans le temple, explique sa doctrine dans les places publiques, dans les bourgs, dans les villages, et confond, par ses explications ou ses réponses, les princes des prêtres et les docteurs de la loi qui veulent lui faire des questions.

Quel a été le but de Mahomet, et à quoi se termina son audacieuse entreprise ?.... Il finit par subjuguer ou plutôt exterminer plusieurs peuples, pour se faire déclarer roi et le chef de sa nation ; ce Prophète conquérant, cet apôtre sanguinaire ne donnait aux vaincus d'autres choix que celui de sa religion, ou de la *mort*. Enfin, il devint le fondateur d'un empire dont les débris ont formé trois monarchies puissantes. Sont-ce là les caractères qui conviennent à là Divinité ?

Moyse n'a mené qu'une vie dure et laborieuse ; a erré pendant quarante ans dans les
Déserts

Déserts les plus affreux. Sans cesse occupé d'intercéder le Seigneur en faveur de son peuple, ou d'essuyer de la part de celui-ci les plus amers désagrémens ; vivant au milieu des murmures et des séditions, et ne les appaisant que par de nouveaux prodiges qu'une Terre aride et déserte l'obligeait de solliciter. Moyse n'a paru exister que pour être, d'une part, l'organe par lequel se manifestait la puissance de Dieu ; et de l'autre, ce Législateur fervent et infatigable ne paraissant respirer que pour le bonheur du peuple qui avait été confié à ses soins ; enfin, Moyse, par un défaut de confiance, se rendit coupable d'une faute, et c'est de *Moyse* même que nous l'avons appris. Cette seule faute lui attira d'être privé d'entrer dans la Terre promise, après avoir conduit, jusqu'aux portes de ce précieux héritage, le peuple qui lui avait coûté tant de travaux et de prières. Voilà où se termina la carrière de ce grand homme, si justement célèbre.

Jesus a déclaré que son regne n'était pas de ce monde, et a fui quand on a voulu le faire Roi : il fait un tel mépris des biens de la terre qu'il n'a pas seulement où reposer sa tête. Son occupation a été de rendre les hommes meilleurs, et s'il veut les conduire à une félicité éternelle,

Q

il leur trace le chemin de la Croix et des souffrances.

Qui ne s'apperçoit déjà que le prétendu Prophète Mahomet ne peut plus résister au parallèle ? et s'il faut encore un dernier examen pour nous déterminer à son exclusion, jettons un regard sur le contenu du livre qui renferme ses dogmes et ses préceptes.

En parcourant ce corps de doctrine, je vois cet imposteur me dire qu'un Ange le fait voyager sur un Ane de la Mecque à Jésusalem, pour lui découvrir tous les Saints et tous les Patriaches depuis Adam. Je vois toute cette monstrueuse Théologie réduite en vers d'un stile empoulé, sans ordre, sans aucune liaison, et n'offrant qu'une rapsodie pleine de contradictions, d'absurdités et d'anachronismes. S'il y a quelque chose de bon ou de raisonnable dans la morale, la substance en est tirée des livres des Chrétiens ou des Juifs, le surplus ne se rapporte qu'à lui, ou n'y est ajouté que pour flater les passions de ses partisans, et nourrir les vices de ceux qu'il prétendait convertir. Qui n'a pas entendu parler du Paradis de ce sublime *charlatan*, où les corps, ressuscités avec leurs sens, doivent goûter toutes les voluptés qui leur sont propres ? Avec une telle morale et de telles promesses , il était facile de faire des prosèlytes dans un climat où les tempéramens sont , encore plus qu'ailleurs , portés aux plaisirs de ce genre.

Honorera Mahomet qui voudra ; mais, pour mon compte, je le place au rang des plus illustres imposteurs.

Il ne me reste plus qu'à fixer mon choix entre Jesus-Christ et Moyse, si toutefois l'un et l'autre n'offrent à mon examen rien qui répugne à ma raison, ou qui choque les notions que je conserve toujours de la Divinité. Dans ce dernier cas, je rejetterai toutes les religions que je verrai établies parmi les hommes, et élevant à Dieu un temple dans mon cœur, je l'y honorerai sans mélange d'aucune superstition. En me bornant à l'adorer sans le concevoir, je respecterai tous ses ouvrages, je chérirai ses créatures, et toutes les facultés de mon ame seront employées à lui rendre de continuels hommages, en m'élevant à lui par les sentimens de l'admiration., de la reconnaissance, et de l'amour.

DE LA RELIGION DES JUIFS,
et de celle des Chrétiens.

Dès les premiers pas que je fais dans l'examen de ces deux religions , je suis tout étonné de trouver entre les mains des Chrétiens les livres de Moyse et des Prophètes qui forment la substance du judaïsme , et de voir que ces mêmes Chrétiens révèrent ces écrits et les admettent même dans leur lyturgie : je me demande si ces derniers sont *Juifs* et *Chrétiens* en même temps ; et de cette première découverte , j'ai cru devoir trouver , entre les mains des Juifs , l'Évangile de Jesus-Christ. Dans ce cas , ils auraient les uns et les autres professé la même religion, et j'aurais été fort embarrassé pour reconnaître la diversité de leur croyance : cependant , ils sont divisés sur un point essentiel et fondamental.

Toute l'écriture qui compose ce que les Chrétiens appellent l'ancien Testament , est remplie d'annonces ou de promesses relatives à un Messie qui doit paraître sur la Terre, dans un temps marqué, pour réconcilier avec Dieu les hommes que le péché en avait séparés pour jamais. Les Juifs ne disconviennent pas de la réalité de ces promesses , et en sont si frappés qu'ils vivent toujours dans l'attente de ce Messie. Les Chrétiens, au contraire , soutiennent que ce Msssie a paru depuis dix-huit siècles , et qu'il a rempli sa mission. On voit que cette contestation roule sur un point de fait qu'il s'agit d'éclaircir, et pour cela je commence par me fixer sur les considérations suivantes.

Les Chrétiens ont-ils apporté quelques changemens aux écritures qui annoncent la venue de ce Messie, et qui contiennent toutes les circonstances qui doivent accompagner sa naissance, sa vie, sa doctrine et sa mort?.... En second lieu, toutes ces circonstances conviennent-elles ou peuvent-elles s'appliquer au Dieu que les Chrétiens adorent et reconnaissent pour ce Messie?....

En examinant les écrits de Moyse et des Prophètes sur lesquels se fondent les Chrétiens, je vois que les Juifs conservent soigneusement ces mêmes ouvrages, et n'auraient pas manqué d'en faire reproche aux Chrétiens, si ceux-ci avaient jamais entrepris d'altérer le texte des écritures qui sont communes à ces deux peuples. En consultant, d'ailleurs, la doctrine des Apôtres, on voit que ces derniers, Juifs d'origine, ne se servent au milieu de leur nation, pour la ramener à la foi de ce Messie, que des mêmes livres qui étaient entre les mains des plus versés dans l'histoire de leur religion. A-t-on jamais vû que lorsque, dans Jérusalem même, les disciples de Jesus-christ s'appuyaient sur quelques passages de l'écriture pour con-

vaincre les Juifs d'aveuglement , ces derniers
leur aient fait le reproche de tronquer leurs
écritures , ou d'y ajouter ce qui n'y était pas ?
On ne peut nier que Saint-Paul ne fut très-
instruit dans tout ce qui regardait la religion
judaïque , puisqu'il s'en explique ainsi devant
les Juifs : « Pour ce qui regarde ma personne,
» je suis Juif , né à Tarse en Cilicie. J'ai été
» élevé en cette ville aux pieds de Gamaliel ,
» et instruit dans la manière la plus exacte
» d'observer la loi de nos pères , étant zelé
» pour la loi , comme vous l'êtes tous encore au-
» jourd'hui ». (a) Au surplus, je n'ai qu'à faire
la comparaison , par exemple , du livre d'Isaïe
tel que le lisent les Juifs , avec celui qui est
traduit dans la vulgate ; je remarquerai dans
ces deux textes un accord parfait et une conformité frappante. Ce n'est pas ici le cas de
chicaner sur quelques mots pris par les uns
ou par les autres dans une acception différente ,
ce serait chercher des difficultés uniquement
pour s'en créer. Sans connaître la force et toute
la finesse de la langue Hébraïque , je suis assuré
d'après les contestations que j'ai vu s'élever à
ce sujet , que la dispute ne roule sur aucun
point essentiel et qui doive m'arrêter dans mes

____

(a) Act. Ch. 22. v. 3.

recherches. Je placerai ici, une reflexion de Bossuet décisive en ce genre ; la voici extraite de son discours sur l'histoire universelle. *Mais laissons les vaines disputes , et tranchons en un mot la difficulté par le fond. Qu'on me dise s'il n'est pas constant que de toutes les versions , et de tout le texte , quel qu'il soit , il en reviendra toujours les mêmes loix , les mêmes miracles , les mêmes prédictions , la même suite d'histoire , le même corps de doctrine , et enfin la même substance. En quoi nuisent après cela les diversités des textes ?... etc. etc.*

D'après cela , il ne me reste qu'à examiner si tous les caractères sous lesquels a été dépeint le Messie , dans les livres des Juifs , conviennent à J. C. qui s'est donné pour tel , et que les Chrétiens reconnaissent en cette qualité.

Avant d'entrer dans cet examen, je rappellerai , à ce sujet , le raisonnement que fait dans l'un de ses ouvrages, le philosophe de Géneve, en pesant les motifs de crédibilité que présentent les religions des Juifs, des Chrétiens et des Mahométans ; il s'exprime en ces termes : « Vous Juifs , tenez-vous en à votre religion ; » c'est un furieux fanatisme, je l'avoue : *mais* » *vos titres sont les plus anciens*, votre révéla- » tion est la première ; *ainsi , elle parait la plus*

» *sûre* ». Je trouve que dans cette circonstance, ce célèbre écrivain a porté le jugement le plus faux, et je le prouve en ce que ces prétendus titres sont comme morts entre les mains des Juifs, et ne sont, au contraire, que des mo-numens subsistants en faveur des Chrétiens, si ces derniers en tirent les preuves de leur foi. Il ne reste qu'à s'assûrer de ce fait et voir comment sont fondés les uns et les autres.

DE LA RELIGION CHRÉTIENNE.

Quel spectacle s'offre d'abord à mes yeux !... Ici, se déroule devant moi l'histoire du monde, celle de tous les siècles et des premières nations qui ont peuplé la Terre. Chefs de sectes, et vous fondateurs de religions humaines, qu'étiez-vous avant qu'une doctrine nouvelle rendît vos noms fameux dans le monde ?... A peine connait-on le lieu où le trop célèbre Arius prit naissance, car les uns le font naître en Lybie et d'autres à Alexandrie. En sera-t-il ainsi du chef de la religion Chrétienne ?.... Non : s'il a voulu s'unir à la nature humaine, sa génération, sous ce rapport, s'établira depuis l'origine du monde, et quarante siècles suc-cessifs n'empêcheront pas de connaître tous ses auteurs selon le temps. Vous, peuple Romain, qui

qui, après avoir rempli l'univers de vos exploits,
l'avez soumis à votre puissance, vous qui avez
enfanté des Sallustes et des Tite-lives, que nous
apprenez - vous de votre fondateur ? Si vous
nous parlez de sa naissance, il faudra l'attribuer au Dieu Mars, pour sa nourrice reconnaître une louve, et à sa mort, il aura été en-
levé par les Dieux. (*a*) La nation juive, de
laquelle est né Jésus - Christ, reconnaît pour
son auteur Abraham qui existait plus de douze
cents ans avant Romulus ; ce qui n'empêchera
pas que l'histoire n'ait transmis tout ce qui pouvait être de quelque intérêt touchant ce patriarche. Nous savons qu'il était Chaldéen
d'origine, et que la ville d'Ur lui avait donné
le jour ; qu'il naquit l'an du monde 2008 ; qu'il
était âgé de soixante-quinze ans, quand il vint
dans la terre de Chanaam ; que Tharé était le
nom de son père, et de ce dernier, nous

(*a*) Les hommes judicieux savent, depuis long-temps,
apprécier ces commencemens d'Empires, embellis, pour
ne pas dire, déshonorés par des fables impertinentes.
A l'égard de l'origine de l'Empire Romain, il est à
peu-près certain que l'on n'en sait rien de positif, sur-
tout depuis la savante dissertation que publia en 1684,
Jacques Gronovius, dans laquelle il entreprit de prouver que l'origine de Romulus, sa naissance, son éducation et l'enlevement des Sabines n'étaient qu'un
pur roman inventé par un grec nommé *Dioclès* ;
opinion qui a paru assez vraisemblable.

R

remonterons facilement et sans lacunes au premier homme qui sortit immédiatement des mains du Créateur. Nous connaissons tous les voyages d'Abraham, et nous sommes instruits des moindres particularités de sa vie; nous comptons tous ses enfans jusques à ses arrières petits-neveux; enfin, nous n'ignorons ni le lieu de sa sépulture, ni l'année de sa mort, ni les dernières paroles qui sont sorties de sa bouche.

Moyse qui a écrit l'histoire de cette nation est tout aussi connu qu'Abraham; sa généalogie n'est pas moins claire; et si je veux connaître quelques particularités sur l'origine du plus célèbre poëte du monde, d'*Homère*, qui n'a vécu qu'environ sept cents ans après Moyse, je verrai que sept villes se disputent l'honneur de lui avoir donné naissance.

Peut-on disconvenir que si l'on trouve quelque chose de certain, touchant l'origine des premiers Empires qui se sont élevés sur la terre, comme des Assyriens, des Babyloniens, des Egyptiens etc., on doit le chercher dans les écrits du législateur des Juifs? Aucun peuple du monde n'a joui d'autant de célébrité que les Egyptiens, mais où est le dépôt qui puisse nous fournir les connaissances qui nous manquent pour parler de leur histoire? On sait qu'elle est divisée en dynasties ou principautés, dont il serait aujourd'hui impossible de suivre la succession. Fouillez dans tous les historiens profanes, et vous n'en recueillerez que conjectures, contradictions ou absurdités. Il est reconnu depuis long-temps, par tous les savans, qu'Hérodote doit être surnommé aussi bien le père du mensonge que celui de l'histoire. (a).

Ce premier apperçu me fait reconnaître dans l'histoire des Juifs un caractère essentiel qui la distingue de toutes les histoires des autres peuples ; et de cette considération, je passe naturellement à cette seconde : quel est l'objet et la substance de cette histoire ?

Je vois qu'il y est parlé de Dieu et de la création du monde. Trouverai-je ici ces systè-

____

(a). Si le témoignage historique que nous avons invoqué au sujet d'*Homère*, ne suffisait pas pour établir combien tout est incertain et ténébreux en fait d'histoire profane ; et si l'on voulait alléguer que l'origine d'un poète était trop obscure ou trop indifférente, pour que l'histoire dût en faire un objet de nature à fixer les savans ; je mettrais, alors, sur la scène, un des hommes qui ont le plus brillé dans le monde. Je parlerai du conquérant de l'Asie, du libérateur des Juifs, de l'homme, enfin, qui s'est vu, pour ainsi dire, le maître de l'univers, *le grand Cyrus* ; et je vous demanderai ce que nous savons de positif touchant ce prince si fameux ?..... Son histoire est un tel chaos, qu'Hérodote, auteur presque contemporain, le fait mourir assassiné par ordre d'une femme, *la reine Tomyris* ; tandis que Xénophon, presque toujours opposé au récit d'Hérodote, fait mourir dans son lit ce célèbre conquérant.

mes des philosophes grecs qui n'ont pu satisfaire ma raison et mériter ma créance ?.. Non.
Dans cette sublime théorie, je découvre un
Dieu unique qui a tiré du néant l'univers, et
le gouverne par l'effet de sa puissance et de
sa sagesse. Mon esprit semble ici s'agrandir,
et mes idées ne sont plus resserrées par ces
combinaisons ridicules, avec lesquelles ou voulait faire du créateur un artisan qui agissait
comme sans dessein, et dont l'ouvrage n'était
que le produit de telle ou telle autre cause première, à laquelle il paraissait étranger. Je lis
un de ces écrivains sacrés, et j'y trouve « que
» Dieu a créé la terre par sa puissance, qu'il
» a affermi le monde par sa sagesse, et qu'il a
» étendu les cieux par sa souveraine intelli-
» gence. (Il dit, et tout fut fait.) Au seul
» bruit de sa voix, il fait tomber du Ciel un
» déluge d'eaux; il élève les nuées des extré-
» mités de la terre ; il fait fondre en pluie les
» foudres et les éclairs, et fait sortir les vents
» du secret de ses trésors. » (*a*)

Qu'ont dit de plus ces fameux physiciens modernes, quand ils ont voulu parler de la cause
première qui opère ces étonnans phénomènes ?...

(*a*) Jer. ch. 10, v. 12, 13.

Descartes nous a-t-il rendu plus savans, quand il a voulu expliquer la création par son ridicule système des tourbillons. Quand je lirai les traités des physiciens *Halley, Derham, Rohaut* et de plusieurs autres, sur la *cause physique des vents*, ces auteurs m'apprendront fort bien, qu'en général, les vents viennent immédiatement d'un défaut d'équilibre dans l'air, c'est-à-dire, de ce que certaines parties se trouvant avoir plus de force que les parties voisines, s'étendent du côté où elles trouvent moins de résistance. Mais quelle est la cause qui produit ce défaut d'équilibre ? .... C'est ce secret dont parle le prophète, et qui, plus sage qu'eux, n'a pas cherché à expliquer pour ne pas tomber dans les contradictions de nos dissertateurs présomptueux. Il se contente d'en admirer les effets, et dit du reste : *Educit ventum de thesauris suis.*

Voilà sous quelles idées ces écrits admirables me représentent Dieu, considéré sous le rapport de sa puissance et de son immensité. Si je veux connaître quels sont les devoirs qu'il m'a imposés, ou plutôt les relations qu'il a voulu établir entre lui et l'homme, je ne le découvrirai pas sous des idées moins magnifiques. Alors, ce sera un Dieu invisible que

l'homme doit adorer, aimer de tout son pouvoir, craindre seul et ne cesser de glorifier;
un Dieu qui pénètre dans nos cœurs pour en
sonder tous les mouvemens; ce Dieu est bon,
juste et miséricordieux; il a créé l'homme libre,
en lui laissant le choix de faire le bien et le
mal; il a établi des préceptes qui sont fondés
sur les bases éternelles de la morale, et l'homme doit recevoir les plus grands biens, en les
observant fidellement. Que si, au contraire, il
est désobéissant à la voix de l'Etre souverain
qui lui a tracé les règles de sa conduite, il
sera châtié avec sévérité et périra misérable-
ment. Quelquefois, même, ce Dieu l'affligera
pour l'éprouver et connaître sa fidélité. (*a*)

Voilà le fond de morale que renferme cette
histoire, et qu'un peuple ignorant connaît, tandis que les nations les plus fameuses, quant aux
arts et aux sciences, n'avaient que les idées
les plus grossières et les plus fausses, sur tout,
ce qui se rapportait à Dieu, à l'homme et à la
nature. (*b*)

(*a*) Deut. Ch. 8.

(*b*) Si la révélation ne peut se concevoir qu'en faisant, en quelque sorte, violence à la raison au premier apperçu; comment concevrait-on mieux que dans
la partie de la théologie, les Juifs, si grossiers, si ig-

A ces idées sublimes les descendans d'Abraham ajoutaient les espérances les plus grandes. Ils savaient que d'entr'eux, de la tribu de Juda et de la race de David, devait naître un Sauveur qui les délivrerait de tous les maux, et attirerait toutes les nations à la connaissance du vrai Dieu. Entre plusieurs endroits des écrits de Moyse et de tous les prophètes qui ont annoncé la venue de ce Sauveur, je remarque la promesse solennelle qui en fut faite à Adam, d'abord après son péché : je citerai les paroles de Jacob, donnant sa bénédiction à ses enfans : *le sceptre ne sera point ôté de Juda, est-il dit, ... jusqu'à ce que celui qui doit être envoyé soit venu ; et c'est lui qui sera l'attente des nations. Non auferetur sceptrum de Juda, ... donec veniat qui mittendus est, et ipse erit expectatio gentium.* (a)

Pour revenir à notre sujet, il ne nous reste

---

norans d'ailleurs, eussent été le seul peuple de la terre capable de parler dignement de la divinité et de la morale ?

Ce serait ici le cas, peut-être, de s'étendre davantage sur la nécessité et les preuves de la révélation judaïque ; mais cette matière exigeant de grands développemens, nous entraînerait dans des longueurs de discussions que notre plan ne comporte pas. Nous avons considéré d'ailleurs, que la Divinité de Jésus-Christ, une fois, établie, tout le reste devait s'ensuivre naturellement ; et je renvoie aux chapitres suivans.

(a) Gen. 49. 10.

qu'à examiner si ce Sauveur a paru, et s'il est celui que les chrétiens adorent.

DE JESUS-CHRIST.

S'il est une idée qui doive répugner à l'esprit d'un philosophe, c'est celle, sans doute, de lui présenter un Dieu revêtu d'une chair mortelle, et sujet à toutes les infirmités qu'entraîne après elle la nature humaine, hors du péché. Ce Dieu qu'il a vu si grand dans les ouvrages de l'univers, pourra-t-il se manifester à sa raison sous les dehors d'une créature avilie, raillée et maudite de toute une nation qu'il appellait son peuple ? Enfin, comment pouvoir se représenter un Dieu supplicié ? ... Aussi, vois-je qu'un apôtre de ce Dieu prêchant la loi de l'évangile et développant sa doctrine, ne se déguise pas tout le repoussant de cette idée, et déclare lui-même que le mystère de la croix est une folie pour ceux qui se perdent. (a), et ailleurs, *que si l'on pense être sage selon le monde, il faut devenir fou pour être sage.* (b)

D'après cela, il faut croire qu'un philosophe n'embrassera pas une telle opinion, sans y être

---

(a) Cor. ep. 1. cap. 1. 18.

(b) Id. cap. 3. 18.

déterminé

déterminé par les preuves les plus convainquan-
tes. Je sens déjà qu'il faut mettre dans ces
recherches une méthode qui puisse nous garantir de la confusion où nous jetterait, infailli-
blement, une si abstraite et si ample matière,
sans cette précaution.

Pour éviter ici un tel inconvénient, je considérerai Jésus-Christ sous quatre rapports principaux : mon premier objet sera d'examiner si
les écrits de Moyse et des prophètes ont pu
être, ou supposés, ou altérés, et la conformité
qui peut se trouver entre la personne de cet
homme-Dieu, et les écritures qui l'ont annoncé. En second lieu, je ferai l'analyse de sa
doctrine et le suivrai dans sa vie. Troisième-
ment, je discuterai les preuves que l'on allègue
pour établir la certitude de ses miracles. Enfin,
je considérerai l'etablissement de sa religion.

Avant de me livrer à cet examen, j'averti-
rai le lecteur que je ne traiterai pas cette
matière en méthode scolastique. Ma marche
sera celle d'un philosophe qui cherche franche-
ment et loyalement la vérité, sans s'embarras-
ser des chicanes puériles que des controversistes pourraient faire naître, uniquement pour
jetter des nuages et embrouiller les questions.

Me faudra-t-il être chargé de cette immense

érudition qu'exige le philosophe de Genève, pour découvrir ce qui peut être démontré du fond de cette matière?.... Non : je n'entreprends pas ici un ouvrage de critique pour juger si tel ou tel passage est rendu avec toute la force ou l'expression qu'il peut avoir dans la langue hébraïque. Je juge en cette circonstance, de ce que je ne connais pas, par ce que je connais dans la même espèce. Quand je lis, par exemple, en langue latine, le verset suivant : *quàm magna multitudo dulcedinis tuæ Domine, quam abscondisti timentibus te !* et que je le vois traduit par ces mots : « Sei-
« gneur, combien est grande votre douceur,
« cette douceur que vous avez cachée et reser-
« vée pour ceux qui vous craignent ! » quoique le mot *douceur* ne soit pas deux fois dans le latin, et que *reservée* n'y soit même pas du tout, je demande si une personne qui n'entendra que la langue française sera privée, par cette traduction, de connaître le vrai sens et le contenu du verset que je lui ai expliqué?... Qu'on donne à traduire, je suppose, les actes des Apôtres à dix personnes différentes, toutes très-versées dans la langue latine ou la langue Grecque, il ne sera presque point de verset où il ne se rencontre quelques légères diffé-

rences ; mais il en résultera toujours le fond
de l'histoire, qui est ici la chose essentielle à
considérer. Nous saurons de tous les traducteurs
que St.-Paul a été le persécuteur des chrétiens,
avant sa conversion miraculeuse, arrivée sur
le chemin et presque aux portes de Damas.
Voilà ce qui doit satisfaire un esprit raisonnable
et qui cherche la vérité de bonne foi. Or,
je suis assuré, autant qu'on peut l'être en
ce genre, que St.-Jérôme possédait les langues
anciennes de manière à m'avoir transmis, avec
fidélité, le vrai sens et la substance des écritures
que tant de savans de son temps, et même
du nôtre, peuvent aujourd'hui comparer. Ces
courtes réflexions doivent suffire pour répondre
à toutes les difficultés de ce genre que peuvent
élever des esprits vétilleux, et que je leur
abandonne volontiers, pour être en eux un
sujet éternel de scepticisme ou d'inquiétude ;
je commence.

PREMIER OBJET.

*Conformité qui se découvre entre la personne
de Jesus-Christ, et les écrits de Moyse
ou des prophètes qui en ont parlé.*

Le temps de la venue du Messie promis
est-il clairement annoncé dans les écritures ?..

Ce temps est-il accompli, et Jesus-Christ a-t-il paru à l'époque déterminée? ... Oui..... Nous examinerons, ensuite, si les livres où sont contenus ces oracles, peuvent avoir été supposés, ou altérés; mais il importe, auparavant, d'en connaître la liaison et la substance.

Je commence par la prophétie la plus ancienne, relative au temps de cette venue; j'en ai déjà parlé : ce sont les propres paroles de Jacob donnant sa bénédiction à ses enfans assemblés autour de lui; cet oracle remonte à environ dix-huit siécles, avant Jesus-Christ, et est ainsi conçu : *Le sceptre ne sortira point de Juda, ni le législateur de sa postérité, jusqu'à la venue de celui qui doit être envoyé, et qui sera l'attente des nations.* (a) Le sceptre est-il encore dans Juda? .... Non : depuis environ dix-huit cents ans, la tribu de Juda n'existe plus, ou n'est plus distinguée; et le peuple Juif n'a ni Rois, ni chef, souverain de sa nation. Jesus-Christ parut-il dans la Judée

---

(a) Il est curieux de voir toutes les distinctions grammaticales auxquelles ont recours les Juifs, pour faire violence à ce dixième verset du chap. 49. de la Gen. Mais, d'après les expressions d'un auteur, c'est bien le cas de dire; *que rien ne montre mieux la force de la vérité, que les égaremens visibles auxquels la haine de la vérité les engage.*

aussitôt que les Juifs cesserent d'avoir un souverain de leur nation ?.... Oui : Hérode qui y régnait alors, ou plutôt qui avait le titre de Roi, était un étranger à la tribu de Juda, et les moins savans n'ignorent pas que ce prince était Iduméen de naissance ; que les Romains, à cette époque, étaient les maîtres absolus de la judée, au point qu'ils y avaient des gouverneurs, et que les Juifs mêmes n'avaient plus, alors, le pouvoir de vie et de mort, comme on le voit par eux lorsqu'ils voulurent faire périr Jésus. Sont-ce là des faits supposés, et en est-il de plus avérés dans toute l'antiquité ?..

Je consulte encore le prophète Daniel, qui vivait environ 600 ans avant Jesus-Christ, et qui s'explique d'une manière si claire et si précise, sur le temps de la venue du *Christ*, qu'il semble, par un oracle de cette nature, vouloir ôter tout prétexte à l'incrédulité. (*a*)

Ce prophète annonce, (pendant que les Juifs

____

(*a*) Daniel est pour les Juifs, ainsi que pour les ennemis du christianisme, un auteur si incommode que, pour le combatre ils ont employé pour principal moyen celui de lui contester la qualité de prophète. Porphyre le range tout simplement au nombre des historiens qui n'ont écrit que ce qu'ils ont vû.

Pour apprécier tou le mérite de cette altercation, il suffit de consulter la tradition constante des Juifs, et d'examiner de quelle manière a été formé le canon des livres saints.

étaient captifs à Babylonne), « que la ville
« et le temple de Jérusalem seraient rebâtis ,
« et, qu'à compter depuis le jour de l'édit qui
« donnerait aux Juifs la permission de travailler
« à cet ouvrage , jusqu'à la venue du Messie ,
« *usque ad Christum ducem,* il y aurait soixante
« et dix semaines : qu'au milieu de la 70.me,
« le Messie serait mis à mort, *occidetur christus;*
« qu'il serait rejetté par son propre peuple ,
« et qu'en conséquence, le Messie ne regarde-
« rait plus les Juifs comme son peuple. Que la
« ville et le temple de Jerusalem seraient ensui-
« te entièrement ruinés ; qu'avant la démolition
« du temple , on verrait l'abomination de la
« désolation dans le lieu saint , et qu'aussitôt
« après , ce peuple serait réduit à une désolation
« qui durerait jusqu'à la consommation des
« siècles. » (a)

Pour m'assûrer si cette prédiction a reçu
son accomplissement, je dois d'abord examiner
ce que l'on entend par *semaine.* Si l'on parle
de semaines de jours, elles ne feront que 490
jours ; mais si je les prends pour des semaines
d'années, elles feront, par la même raison ,
490 ans. Je vois que, dans l'un et l'autre cas,

______

(a) Dan. Ch. 9. 24 , 25 , 26 et 27.

Le temps de l'accomplissement est expiré, et que les Juifs, à cet égard, sont sans aucun fondement pour attendre le Messie qui devait arriver, d'après Daniel. Faisons en donc l'application conformément au sens des chrétiens.

J'observe que, dans l'écriture, c'est une façon assez ordinaire de parler, que de marquer le temps par des semaines d'anuées : voyez au levitique, ch. 25. v. 8. « vous compterez « aussi sept semaines d'années, c'est-à-dire, « sept fois sept, qui font en tout quarante- « neuf ans. » (a) Cela posé, j'examine si le nombre de 490 ans, depuis l'édit de Cyrus pour la réédification du temple, répond au temps de la venue du Messie, et je trouve une parfaite conformité entre ces deux époques et le temps marqué qui les sépare. Si je voulois ici entrer dans le détail auquel pourrait donner lieu cette prophétie, j'en ferai une démonstration de chronologie qui ne laisserait rien à désirer : ajoutez à cette première considération l'état actuel des Juifs, chassés de leur terre, sans temple, sans sacrifice, sans autel, sans patrie,

---

(a) *Numerabis quoque tibi septem hebdomadas annorum, id est, septiès septem quæ simul faciunt annos quadraginta novem.*

et dispersés parmi toutes les nations de la terre. (a)

Je ne m'arrête pas là, et consulte de plus le prophète Aggée, qui parle aux Juifs en ces termes :

« Voici ce que dit le Seigneur des armées :
« encore un peu de temps, et j'ébranlerai le
« ciel et la terre, la mer et tout l'univers.
« J'ébranlerai tous les peuples, et le désiré
« de toutes les nations viendra, *et veniet*
« *desideratus cunctis gentibus* ; et je remplirai
« de gloire cette maison (en parlant du temple
« de Jérusalem)..... La gloire de cette se-
« conde maison *domus istius novissimæ* sera
« encore plus grande que celle de la première,
« dit le Seigneur des armées, et je donnerai
« la paix en ce lieu, *et in loco isto dabo*
pacem. » (b) Or, il est certain, sans avoir égard à toutes les circonstances de cette prophé-tie, que ce Messie, le désiré de toutes les nations, devait honorer ce second temple de sa présence, puisque c'était en ce lieu-là qu'il devait donner sa paix ; et cela posé, je demande-

---

(a) Voyez, à ce sujet, le livre de l'Avocat *Ferrand* écrit pour l'explication de cette prophétie ; et le savant ouvrage de M. Huet, intitulé: *démonstration évangélique.*

(b) Aggée. 2. 7, 8, 10.

rai aux Juifs s'il serait facile qu'il le fît aujour-
d'hui, ou dans les temps à venir, puisque
cette dernière maison est entièrment détruite
depuis plus de 17 cents ans. En second lieu,
les Juifs ne peuvent disconvenir que leur
ville n'ait été saccagée, et leur temple entièrement consumé, trente-huit ans après avoir
crucifié celui qui se disait le *Christ*, et qui
avait plus d'une fois, pendant sa mission,
visité ce temple dont parle le prophète *Aggée*
dans sa prédiction. Ramassons, enfin, toutes
ces circonstances, en faveur des chrétiens, et
en les faisant contraster avec l'impossibilité
qui accompagne aujourd'hui la prophétie dans
le sens d'un Messie à venir, de quel côté un
esprit droit verra-t-il la vérité ?

Si je voulais, ainsi, parcourir et discuter toutes les preuves de ce genre que les chrétiens
alléguent en leur faveur, et tirent des mêmes
écritures, (écritures dont les Juifs sont encore
dépositaires,) il faudrait me préparer à un ouvrage particulier qui deviendrait très-volumi-
neux : je me contente de rassembler ici les plus
marquantes, quoique, sous bien d'autres rapports, il en soit encore plusieurs autres d'aussi
frappantes, relativement à bien des circonstances
moins remarquables en apparence. Si je voulais,

T

dis-je, m'étendre sur ce détail, j'aurai presque à
copier ici l'histoire de la naissance, de la vie
et de la mort de ce Messie, rapportée dans les
pseaumes ou les écrits des divers prophètes ;
ce qui fesait dire aussi à l'apôtre saint Pierre :
« nous avons les oracles des prophètes dont la
» certitude est plus affermie, auxquels vous
» faites bien de vous arrêter, *comme à une
» lampe qui luit dans un lieu d'obscurité* ». (a)

Ici, je ne peux m'empêcher de transcrire
des réflexions frappantes du célèbre *Bossuet*,
dans son immortel comme inimitable discours
sur l'histoire universelle, en traitant cette
matière ; c'est le commencement du 29e chapitre de la seconde partie, ainsi intitulé :
*les prédictions réduites à trois faits palpables,
parabole du fils de Dieu qui en établit la liaison*. « Et à cause que la discussion des prédic-
» tions particulières, quoique en soi pleine de
» lumières, dépend de beaucoup de faits que
» tout le monde ne peut pas suivre également,
» Dieu en a choisi quelques-uns qu'il a rendus
» sensibles aux plus ignorans. Ces faits illus-
» tres, ces faits éclatans dont tout l'univers est

____

(a) *Erhabemus firmiorem propheticum sermonem
cui benefacitis attendentes, quasi lucernæ lucenti in
caligino loco.*
2. Petr. I. 19.

» témoin, sont les faits que j'ai tâché jusqu'ici
» de vous faire suivre (parlant au Dauphin,)
» c'est-à-dire, la désolation du peuple Juif et
» la conversion des Gentils arrivées ensemble,
» et toutes deux, précisément, dans le même
» temps que l'évangile a été prêché, et que
» Jésus-Christ a paru.

» Ces trois choses unies dans l'ordre des
» temps, l'étaient encore beaucoup davantage
» dans l'ordre des conseils de Dieu. Vous les
» avez vues marcher ensemble dans les ancien-
» nes prophéties : mais Jesus-Christ fidèle in-
» terprète des prophéties et des volontés de
» son père, nous a encore mieux expliqué cette
» liaison dans son évangile. Il le fait dans la
» parabole de la vigne si familière aux pro-
» phètes. Le père de famille avait planté cette
» vigne, c'est-à-dire, la religion véritable fon-
» dée sur son alliance, et l'avait donnée à culti-
» tiver à des ouvriers, c'est-a-dire *aux Juifs.*
» Pour en recueillir les fruits, il envoie à di-
» verses fois ses serviteurs, qui sont les pro-
» phètes. Ces ouvriers infidèles les font mourir.
» Sa bonté le porte à leur envoyer son pro-
» pre fils ; ils le traitent encore plus mal que
» les serviteurs. A la fin il leur ôte sa vigne,
» et la donne à d'autres ouvriers : il leur ôte

T 2

» la grace de son alliance pour la donner aux
» Gentils.

» Ces trois choses devaient donc conçourir
« ensemble, l'envoi du fils de Dieu, la répro-
» bation des Juifs, et la vocation des Gentils.
» Il ne faut plus de commentaire à la parabole
» que l'événement a interprété. »

Que tous les Porphyres anciens et modernes entreprennent de réfuter des preuves de cette nature, et de détruire de pareils faits ?

Enfin, je me fais une dernière objection et me dis : serait-il possible que toute une nation, et principalement ceux d'elle qui étaient les plus éclairés dans les écritures, eussent pu se méprendre aux caractères qni devaient essentiellement distinguer le Messie ?... Les Juifs avaient en mains les oracles qui le leur prédisaient, et qui rapportaient les principales circonstances qui devaient accompagner sa naissance, sa vie et sa mort : auraient-ils pu prendre le change sur un objet si important pour eux, et qui était celui auquel aboutissaient toutes leurs espérances ?.. Je sais qu'ils attendaient, comme ils attendent encore, un Messie qui devait effacer en gloire tous les Rois de la terre, et mettre à leurs pieds toutes les nations et les richesses du monde. Il est vrai de dire que sous ce rapport, on ne peut reconnaître celui qu'ils ont crucifié, et qui n'a voulu mener qu'une vie pauvre et retirée, en s'associant quelques hommes obscurs et lâches qui l'ont abandonné, trahi, ou méconnu, aux premiers dangers où ils l'ont vu exposé.

Que répondent les chrétiens pour détruire une telle opinion sur le Messie que les Juifs ont rejeté?... En ne disconvenant pas que, dans plusieurs endroits de l'écriture, le Sauveur promis ne soit représenté sous les idées les plus magnifiques, et que son Empire ne soit dépeint en termes pompeux, les chrétiens soutiennent, en même-temps, que toutes ces brillantes descriptions ne se rapportent qu'au règne spirituel de Jésus-Christ; et, en effet, c'est avoir de Dieu des idées bien étranges ou bien grossières, que de croire qu'il ait besoin de venir sur la terre pour ajouter à la gloire essentielle qui doit le caractériser. Ces prophéties étaient obscures, comme l'observe très-judicieusement Mr. l'abbé Fleury, parce que les prédictions spirituelles sont mêlées avec les temporelles qui en étaient la figure; et que les deux états du Messie, ses humiliations et ses souffrances, et d'ailleurs sa puissance et sa gloire, sont aussi décrites ensemble : mais pour ne laisser aucune

repliqué à leurs adversaires, ces mêmes chrétiens se fondent sur une infinité d'autres passages, où ce Messie est représenté comme
une victime volontaire, plongée dans l'ignomi-
nie, et s'offrant en sacrifice pour le salut des
hommes. Le prophète Isaïe ne laisse, à cet
égard, aucun doute, et met cette vérité dans
toute son évidence. Ce n'est pas ici un ou deux
versets pris, isolément, dans un ou plusieurs
auteurs différens ; mais un chapitre dans son
entier qui présente une suite d'histoire, et que
l'on pourrait prendre, en quelque sorte, pour
une 5.ᵉ passion du Sauveur, à ajouter à celles
que les évangélistes nous en ont rapportées,
environ sept cents ans après, lors de l'événement. Voici cette narration prophétique qui,
d'un bout à l'autre est trop précise, relativement à la discussion qui nous occupe, pour
en retrancher la moindre partie.

« Il s'élevera devant le Seigneur comme un
» arbrisseau, et comme un rejetton qui sort d'une
» terre sèche : il est sans beauté et sans éclat ;
» *nous l'avons vu, et il n'avait rien qui attirât*
» *l'œil, et nous l'avons méconnu.* Il nous a paru
» un objet de mépris, le dernier des hommes, un
» homme de douleur qui sait ce que c'est que
» souffrir. Son visage était comme caché. Il

» paraissait méprisable, *et nous l'avons mé-*
» *connu.* Il a pris véritablement nos langueurs
» sur lui, et il s'est chargé lui-même de nos
» douleurs. Nous l'avons considéré comme un
» lépreux, comme un homme frappé de Dieu
» et humilié ; et cependant il a été percé de
» plaies pour nos iniquités ; il a été brisé pour
» nos crimes: *ipse autem vulneratus est prop-*
» *ter iniquitates nostras, attritus est propter*
» *scelera nostra.* Le châtiment qui nous devait
» procurer la paix est tombé sur lui, et nous
» avons été guéris par ses meurtrissures. Nous
» nous étions tous égarés comme des brebis er-
» rantes; chacun s'était détourné pour suivre
» sa propre voie : et Dieu l'a chargé lui seul
» de l'iniquité de nous tous. Il a été offert par-
» ce que lui-même *l'a voulu,* et il n'a point
» ouvert la bouche. Il sera mené à la mort
» comme une brebis que l'on va égorger ; il
» demeurera dans le silence sans ouvrir la bou-
» che, comme un agneau est muet devant ce-
» lui qui le tond. Il est mort au milieu des
» douleurs, ayant été condamné par des juges.
» Qui racontera sa génération ? car il a été
» retranché de la terre des vivans. Je l'ai frap-
» pé à cause des crimes de mon peuple : *prop-*
» *ter scelus populi mei percussi eum.* Et il

» donnera les impies pour prix de sa sépul-
» ture, et les *riches* pour la récompense de
» sa mort, parce qu'il n'a point commis d'i-
» niquité et que le mensonge n'a jamais été dans
» sa bouche. Mais le Seigneur l'a voulu briser
» dans son infirmité. S'il livre son ame pour
» le péché, il verra sa race durer long-temps:
» *si posuerit pro peccato animam suam, vide-*
» *bit semen longævum*, et la volonté de Dieu
» s'exécutera heureusement par sa conduite. Il
» verra le fruit de ce que son ame aura souf-
» fert, et il en sera rassasié. Comme mon ser-
» viteur est juste, il justifiera par sa doctrine
» un grand nombre d'hommes, et il portera
» sur lui leurs iniquités. C'est pourquoi je
» lui donnerai pour partage une grande multi-
» tude de personnes, et il distribuera les dé-
» pouilles des forts, parce qu'il a livré son ame
» à la mort, et qu'il a été mis au nombre des
» scélérats, *et cum sceleratis reputatus est*;
» qu'il a porté les péchés de plusieurs, et qu'il
» a prié pour les violateurs de la loi; *et ipse*
» *peccata multorum tulit, et pro transgresso-*
» *ribus rogavit*. (a) Que l'on compare actuel-

____

(a) Les chrétiens ne peuvent pas être accusés d'avoir
inséré ce chapitre dans Isaïe, puisque ce prophète n'a
jamais cessé d'être entre les mains des Juifs, qui
n'auraient pas manqué de relever la fraude, ou l'altération du texte.

lement les relations faites par saint Jean ou
Saint Mathieu, avec le contenu de ce cha-
pitre, et que l'on juge entre les Juifs et les
Chrétiens.

LES ÉCRITURES

Sont-elles supposées ou altérées?

Les incrédules, pressés par la force des
preuves qui résultent du rapprochement de ces
textes, ont trouvé plus commode d'alléguer
que les écritures, tant de l'ancien que du nouveau testament, avaient été, ou supposées, ou
altérées, ou fabriquées dans des temps différens
de ceux auxquels on les rapporte : c'était là le
moyen de se tirer tout-à-coup d'embarras.

Pour réduire en poudre tous ces vains échapatoires, il me suffirait de rappeller ici cette
belle pensée de Jean-Jacques : *Est-ce ainsi qu'on
invente ?* . . . Mais il faut des preuves aux esprits que nous combattons ; c'est une classe
d'hommes qui ne se payent pas de *sentiment.*

Je m'adresse donc à ces dialecticiens profonds autant que judicieux, à ces Pirroniens
volontairément aveugles, et leur fais les questions suivantes : entendez-vous qu'un même auteur ait composé tous les livres de l'ancien et
du nouveau testament, depuis la Genèse jus-

V

qu'à l'apocalypse ? .... La même main, par exemple, qui a écrit le deuteronome, vous parait-elle avoir rédigé les actes des apôtres ? .... Cependant, ou il faut recourir à de si pitoyables suppositions, ou croire que tant d'auteurs différens ont pu se concerter pour former un corps d'ouvrage si parfaitement lié dans toutes ses parties... et le moyen d'opérer ou rendre possible ce concert ? Cependant, tout ici coïncide au même but ; par-tout, je trouve le même fond de morale, la même sublimité de sentimens, sur tout ce qui se rapporte à la divinité. Le roi comme le berger, celui qui aura été élevé à la cour des princes, comme celui qui aura toujours vécu dans l'obscurité du monde ; tous entreront également dans les mystères du Tout-Puissant, et feront entendre aux hommes un langage qui n'aura rien d'humain.

En effet, soit que dans l'exode, par exemple, il soit parlé des dix fléaux dont Dieu frappa les Egyptiens, ou des préceptes divins qui furent donnés à l'homme pour règle de sa conduite ; soit que dans le livre de Job, je contemple la vertu à l'épreuve de l'infortune ; soit que dans les deux premiers livres des rois, le prophète nous marque la fin de l'ancienne loi, dans la ruine de la maison de Saül,

Et nous découvre le secret d'un empire nouveau et d'un sacerdoce inconnu dans les histoires de Sadoc et de David : par-tout, vous découvrez le même objet, voyez toujours la même main, et c'est le même esprit qui conduit tout.

Il n'est point ici question de quelques chicanes de chronologie, ou de la diversité d'opinions sur quelques autres points semblables. Ce qu'il importe de considérer, est la substance de tous ces écrits à laquelle doit se fixer un esprit droit et solide. (a)

En effet, comment ne pas sentir ce surnaturel, ce divin qui brille de toutes parts, dans ce magnifique ensemble ?.. L'un ne craint pas d'avancer qu'une Vierge concevra, et voit la lumière qui doit éclairer les nations, et les attirer au culte du vrai Dieu. L'autre prévoit la cessation des sacrifices de l'ancienne loi, et dans de saints transports, annonce cette victime pure et sans tache qui doit être offerte en tous

____

(a) Le lecteur qui voudrait voir cette matière plus amplement discutée, et réduite en démonstrations, peut consulter *Abbadie*, au commencement de la seconde partie de son excellent traité *de la vérité de la religion chrétienne*. On verra que cet auteur, aussi pressant que méthodique, ne laisse aucun subterfuge à l'incrédulité ; et que le pirronisme affecté de nos beaux esprits ne saurait être plus solidement combattu, ni plus victorieusement réfuté.

V 2

lieux, depuis le soleil levant jusqu'au soleil couchant. Celui-ci a contemplé cette même victime, suspendue au bois, sur lequel elle devait consommer son sacrifice; il a vu ses mains percées, son côté ouvert, a connu le breuvage qui lui serait présenté, et a su que sa robe serait jetée au sort: mais, en même-temps, il écrivait que le sépulcre de ce Dieu immolé serait glorieux; tandis que cet autre devait figurer sa sépulture dans le corps d'un monstre marin.

Sont-ce là des idées communes, ou des événemens ordinaires?... Et quand tout se lie pour se rapporter ou recevoir son application sur la personne du Sauveur, ne dois-je pas être frappé de la vérité qui résulte d'un ensemble si miraculeusement ordonné?.....

Ah! disons le hardiment avec le philosophe que nous avons déjà cité, et qui n'a pas toujours été d'accord avec lui-même: *ce n'est pas ainsi qu'on invente*: ou, nous repliant encore sur la pensée du même auteur: *l'inventeur en serait bien plus étonnant que le héros.*

DE LA DOCTRINE DE JÉSUS-CHRIST.

Je considérerai cette matière sous deux rapports: je parlerai, en premier lieu, des mystères qu'elle renferme. Secondement, j'examinerai le fond et l'objet de la morale évangélique.

DES MYSTÈRES.

« Nos connaissances sont si bornées, que
» nous ignorons les causes premières, et nous
» nous trouvons bien heureux quand nous pou-
» vons acquérir la connaissance des causes se-
» condaires. Nous ne savons pas pourquoi tel
» ou tel corps jouit de telle ou telle propriété;
» mais nous savons qu'il en jouit » etc. etc.
Voilà comment raisonne un des plus célèbres physiciens de notre siècle, (Mr. Brisson.) Nous savons, aussi, que le grand Newton pensait de même; car, dans tous les temps, il n'y a eu que les sots qui se soient crus capables de tout savoir, de tout expliquer.

Ainsi, tout est mystère dans la nature, et quand j'ai voulu connaître la cause de la pesanteur, le principe de la végétation, mon esprit a été arrêté. Ce qui fesait dire à un ancien naturaliste, (Pline) *multa latent in majestate naturæ.*

Or, si dans l'ordre des corps je me vois par-tout enveloppé de ténèbres, dois-je m'attendre à devenir plus instruit dans une matière où il n'est traité que de choses intellectuelles ? ... N'est-ce pas ici le cas d'employer le raisonnement du pieux auteur de l'imitation, qui s'écrie : « si vous n'entendez ni ne compre- » nez ce qui est au-desous de vous, comment » comprendrez-vous ce qui est au dessus ? » (a)

L'homme a cette manie de vouloir tout soumettre à l'empire de sa raison, et le plus petit insecte sera pour lui l'écueil de toutes ses connaissances.

Je ne crois pas qu'il puisse y avoir une plus mauvaise manière de raisonner, que celle qu'emploient, pour l'ordinaire, les ennemis de la religion chrétienne, quand ils l'attaquent, principalement, du côté de ses mystères. Ils raisonnent, à peu-près, comme ferait le physicien qui s'obstinerait à nier un effet quelconque, par la raison qu'il ne connaîtrait pas la cause qui a produit cet effet ; et s'il tenait une telle conduite, à quoi pourrait-il se fixer ? Cependant ce physicien pourrait-il nier, par exemple, que l'aiguille aimantée n'ait une tendance constante à se diriger vers le nord ? Ce physicien pourrait-il méconnaître une infinité d'autres phénomènes que lui découvrira l'électri-

___

(a) *Si non intelligis, nec capis quæ infrà te sunt, quomodò comprehendes quæ suprà te sunt!*

cité ?... or, je lui demanderai, à mon tour, s'il en connaît mieux pour cela la propriété de l'aiman, ou la nature du fluide électrique.

Dans la question que nous traitons, il faut moins s'attacher à raisonner sur le mystère, qu'à s'assurer s'il a été véritablement révélé par une autorité qui n'a pu me tromper. C'est là toute la sagesse et toute la science dont il faut faire usage dans une telle matière.

Mais nos incrédules vont plus loin, et je les entends me dire ici qu'il est impossible que Dieu ait soumis l'homme à croire des choses qui impliquent, ou sont en contradiction avec la raison, comme, par exemple, dans le mystère de la *trinité*, où il est enseigné que *trois* ne font qu'*un*.

Ici, je vous arrête et entreprendrai, avec de faibles lumières, de rectifier vos idées sur une matière que souvent vous exposez très-mal, soit par défaut d'instruction, soit à dessein de la présenter d'une manière qui porte véritablement implication. On peut dire, en général, que tout mystère, est, à la véri-té, au-dessus de notre raison, sans quoi il ne serait plus mystère; mais dire qu'il est con-traire à la raison, c'est toute autre chose.

Pour en revenir au mystère de la très-sainte

trinité, on verra, par exemple, combien il change de face, considéré en sa nature, et tel qu'il est défini par l'église : développons notre pensée.

On trouve contradiction à soutenir, qu'ici, *trois* ne fassent qu'*un*, et l'on a raison dans le sens que les incrédules le présentent ; mais ce n'est pas là l'objet ou le fond du mystère. Les trois divines personnes sont réellement distinguées de toute éternité les unes des autres, et sous ce rapport, il est faux de dire que trois ne fassent qu'un ; ici, elles font véritablement trois, et si cela n'était ainsi, on ne désignerait pas ce mystère par celui de la *trinité*. Si ces trois divines personnes doivent être considérées sous l'idée de l'*unité*, c'est uniquement dans leur *essence* où elles sont unies de toute éternité ; et voilà l'objet du mystère.

Si l'on demandait de quelle manière s'opère cette union, je répondrais que c'est en quoi consiste le mystère, et qu'il ne m'appartient pas d'avoir de Dieu une connaissance intuitive. Mais il me suffit d'avoir démontré qu'il ne s'agit point ici d'une chose qui porte avec elle contradiction ; et du reste, j'avoue l'insuffisance de mes lumières pour en donner une plus ample explication. Je dois, au contraire, recon-

naître

naître que Dieu ne serait point Dieu, ou moi un Etre borné et fini, si je pouvais le concevoir : c'est ici le cas de faire usage de cette belle pensée d'un père de l'église qui a dit que, « là ou Dieu nous paraît plus incompréhensible, c'est là que nous le connaissons mieux : » *tunc veré aliquid de Deo cognoscimus, cum ipsum comprehendere non possumus.*

Je sais que de grands génies, et saint Augustin même, ont cherché, dans la nature, des objets qui nous donnassent une idée approchée de l'essence de ce mystère : mais c'est toujours le cas de revenir à ce qu'a dit l'illustre Bossuet, en traitant cette matière ; *taisez-vous raisonnemens humains* : la connaissance de ce mystère est un secret réservé à la vision bienheureuse.

Toutes les similitudes que l'on peut établir en ce genre sont défectueuses, car si l'on pouvait en concevoir une idée adéquate, ce ne serait plus dès-lors un mystère, et la nécessité qu'il y en ait, entre, sans doute, dans l'économie de notre salut, soit pour exercer notre foi, soit pour faire à Dieu l'hommage de notre raison, comme le plus grand qu'il puisse recevoir de l'homme. Le principe qui, en cela, doit diriger un Etre raisonnable, c'est de ne

X

jamais contester avec Dieu, mais de chercher à s'assurer de sa parole ; voilà où devrait aboutir toute la curiosité humaine , et pour acquérir cette certitude, il ne faut pas se forger des difficultés sans nombre, dans la seule vue de les rendre insurmontables. Les personnages fameux qui ont cru cet examen impossible, en s'écriant : *que d'hommes entre Dieu et moi !* ces personnages, dis-je, n'ont jamais mis de doute à la conspiration de Catilina, déjouée par le Consul romain ; mais , en matière de religion, tout, pour eux, est obscur, et rien ne peut être vérifié ni établi avec certitude.

Il en est ainsi de tous les autres mystères que les ennemis de la religion cherchent à dénaturer pour, s'il était possible, vouloir , en quelque sorte , les rendre plus *mystérieux* encore. Je prendrai pour exemple celui de la *transubstantiation* qui répugne le plus à nos sens , et qui , de tout temps, a été celui que les ennemis des catholiques ont attaqué avec le plus d'acharnement. (*a*)

Je ne chercherai pas , certainement, à l'expliquer autrement que par la foi ; sans cela ,

---

(*a*) On s'apperçoit que notre philosophe est déjà convaincu, et qu'il parle actuellement, autant pour défendre la religion chrétienne, que pour chercher à s'en démontrer la Divinité.

comme nous l'avons déjà observé, il ne serait point mystère. Mais, il me serait facile de faire sentir combien sont faibles les raisonnemens de plusieurs célèbres écrivains qui ont prétendu en *démontrer* l'impossibilité.

Je rappellerai, en passant, le fameux argument fait à l'archevêque de Paris par *Jean-Jacques*; argument qui avait été employé long-temps avant lui par des controversistes, faisant profession de ne point croire à ce dogme.

Dieu, dit ce philosophe, ne peut faire l'impossible, comme, de rendre la partie plus grande que le tout. Or, c'est ce qu'il aurait fait, si, dans l'eucharistie, le pain consacré était changé au vrai corps de Jésus-Christ; car, après la consécration, Jésus tenant encore le pain dans ses mains, aurait pu, aussi facilement que les apôtres, le prendre, en le faisant passer par sa bouche; et dans ce cas, cette dernière partie de son corps aurait été plus grande que le corps même, puisque ce dernier y aurait contenu. Voilà ce que le citoyen de Genève appellait *tenir l'archevêque sur des charbons ardens*, en l'accusant de passer sur des raisons si péremptoires, sans y répondre. (a)

(a) Cette remarque avait été faite par saint Augustin, mais dans un esprit différent; et voici les expres-

Je conviens que dans le sens où Rousseau entend, ou feint d'entendre ce mystère, il eût été très-difficile à Mr. de Beaumont de répondre à son objection d'une manière satisfaisante. Mais, ici, il n'était question que d'une simple distinction qui, sur-le-champ, aurait mis fin à la dispute. S'il s'agissait, dans ce mystère, d'un corps existant à la manière de ceux qui frappent nos sens; de ces corps qui se mangent sur nos tables, que l'œil découvre et que les mains palpent; Jean-Jacques serait fondé, et aurait raison de défier hautement son adversaire. Mais ce n'est plus là la question : le vrai point est de refuser à Dieu la possibilité de faire exister un corps d'une manière que nous ne connaissions pas ; un corps qui, sans être accompagné des qualités sensibles sous lesquelles nous le considérons, existe néanmoins dans toute son intégrité, par d'autres lois qui sont hors de la nature. Considérez que, dans ce mystère, il est question d'un corps uni à la Divinité ; d'un corps qui, après avoir été privé du principe de vie qui l'animait, sort d'un tombeau en-

______

sions de ce père célèbre.

« Car, alors, (après la consécration) il est évident que Jésus-Christ portait son propre corps ; et que ce que l'écriture disait de David dans un sens figuré ; savoir, *qu'il se portait lui-même dans ses mains*, s'accomplit à *la lettre, dans la personne du Sauveur.* »

touré de gardes, sans en être apperçu ; d'un corps qui pénètre dans un appartement dont toutes les portes sont fermées, et se découvre visiblement aux disciples auxquels il a voulu se manifester. Je m'attends à ce que vous me fassiez ici le reproche de tomber toujours dans le cercle vicieux, en supposant prouvé ce que vous mettriez en question ; (ces objets seront éclaircis en leur temps.) Mon but n'est pas, aussi, de prétendre établir un prodige par d'autres prodiges non moins surprenans ; cependant, j'en déduirai, à mon avantage, que ces derniers faits que je viens de citer, sont susceptibles de preuves infiniment plus évidentes, et qui, dans le fond, ne présentent pas moins de difficultés. Je ne sache pas, par exemple, que ceux qui s'éloignent le plus de la foi catholique sur ce point, (les Calvinistes) aient jamais élevé de doute sur la transfiguration du Sauveur sur le Thabor ; cependant, à tout considérer, il y aurait les mêmes objections à faire contre ce mystère que contre tout autre ; car on demanderait comment le corps de notre Seigneur put, en ce moment, changer de nature en passant dans un état de gloire ; et en second lieu, que devint alors son premier corps.

Mais ce qui me paraît trancher la difficulté,

et répondre à toutes les contestations ; je demanderai, à mon tour, aux grands faiseurs d'objections, s'ils prétendent que la matière soit éternelle ; et je suis persuadé que les plus sensés n'oseraient se déterminer pour l'affirmative. Cela convenu, et partant de cette vérité reconnue *que Dieu a créé l'univers* ; je vous dirais alors, s'il est raisonnable de disputer sur la nature des corps contre l'être divin qui a fait sortir le monde du néant.

Pour revenir à notre objet, il s'ensuit que dans le mystère de l'eucharistie, le corps de notre Seigneur existe d'une manière miraculeuse, qui échappe à nos sens et surpasse notre intelligence. Voilà la foi des catholiques ; et pour l'ébranler, il ne suffit pas de l'attaquer par des raisonnemens qui se rapportent à nos idées ; comme de leur côté, les catholiques ne doivent pas chercher à donner des raisons sur un objet qui n'est point du ressort de leur entendement. Ils prêtent des armes à leurs ennemis toutes les fois qu'ils veulent entrer en lice sous le rapport qu'on les attaque, et c'est entièrement ne pas concevoir la question, que de se croire capable d'y répondre. Croient-ils, par exemple, avoir porté quelques lumières sur les difficultés que l'on élève, en se retour-

nant sur l'extrême *compressibilité* de la matière,
et d'autres moyens de cette nature qu'ils ont
voulu employer, pour rendre la chose possible
d'après nos idées ?... C'est purement trahir
sa cause que de la défendre par de telles
subtilités; et ni le Physicien, ni le Théologien, ne peuvent rien alléguer qui puisse tant
soit peu éclaircir ce mystère. Disons simplement, avec le pieux auteur de l'Imitation; »
« Dieu peut faire plus que l'homme ne peut
« comprendre » : *plus valet Deus operari,
quam homo intelligere potest.*

La foi et l'amour l'emportent ici par-dessus
tout, et celui qui connaît le mieux ce mystère,
est l'homme simple, dont le cœur brûlant
d'amour, cherche à répondre dans ce sacrement
à la bonté ineffable de son Dieu, et va y
puiser tout ce que le sentiment peut faire
éprouver de plus délicieux.

Je ne m'étendrai pas davantage sur cette
matière, ayant pour principe fondamental de
considérer, en cela, moins la chose que l'autorité
qui me l'a révélée. Je crois, par exemple,
que l'évangile n'a pas été altéré, parce que
j'ai suffisamment de preuves pour en être assûré.
Si je crois, en second lieu, à la divinité de
Jésus - Christ qui y a parlé, ce serait

le comble de la déraison que de douter des choses qu'il lui a plu de m'enseigner : passons à un nouvel examen.

DE LA MORALE ÉVANGÉLIQUE :

De la vie et de la mort de Jésus-Christ.

Ce Dieu prédit par les prophètes, annoncé depuis tant de siècles, paraît enfin sur la terre. Sa venue change la face de l'univers, et toutes les nations sont émues. Viendra-t-il, comme les Juifs charnels l'entendaient, rétablir le Royaume de David dans un état de splendeur et de gloire ? ... Se fera-t-il remarquer par une magnificence qui frappe les sens et qui étonne l'imagination ? ... donnera-t-il fastueusement ses préceptes dans des écoles où ne pénétreront que les savans ? .... Puisera-t-il ses maximes dans tout ce qui a existé d'éclairé dans le monde ? ... Enfin, ce Dieu qui s'offre à nous sous les attributs de la nature humaine, tiendra-t-il à l'humanité dans tout ce qui est relatif aux passions, à l'inconstance et au vice ? .... Non : l'empire qu'il est venu établir, est celui de toutes les vertus dans leurs perfections. Son extérieur n'aura rien qui *attire l'œil*, mais les Rois de la terre viendront se prosterner à ses pieds ; la nature obéira à sa voix ; par lui

lui, la mort sera vaincue, et toutes les infirmités du peuple seront pour son cœur autant de sujets propres à faire éclater son autorité, et sa clémence, quand on y aura recours avec la confiance qu'il exige. S'il recherche les savants, ce sera pour les confondre, parce qu'il sait qu'ils renversent les fondemens de la loi, et la transforment en observances hypocrites ; il se plaira avec les simples, et se communiquera principalement à ceux qui seront le plus en besoin de ses instructions. Si, enfin, il se montre comme homme, ce sera celui qui pourra dire à ceux qui l'auront toujours connu : *qui de vous me peut convaincre d'aucun péché. (a)*

Ce n'est point ici un Mahomet qui vient me dire, le fer sur la gorge : *crois, ou je te tue.* La vérité ne va pas avec le glaive, sa puissance est en elle. Ce qui la distingue ici essentiellement de l'imposture, c'est que les chrétiens des prémiers siècles savaient endurer la mort, pour demeurer fidèles à leur foi et à leur doctrine ; mais n'ont jamais violenté personne pour faire embrasser leur croyance. La vengeance qu'ils cherchaient à tirer de

_____

(a) Jo. 8. 46.

Y

leurs ennemis, était, à l'exemple de leur maître, d'invoquer Dieu pour eux, jusques dans
la rigueur des supplices et l'excès des tourmens. Sont-ce là les maximes des hommes ? ...

Mais de quelles expressions peut-on se servir
pour parler dignement de cette morale ? ...
Oui, pour juger de sa sublimité ; pour goûter
cette onction qui se communique au cœur ;
pour sentir les charmes de cette éloquence
douce et persuasive ; pour discerner ce caractère
de sainteté ; pour apprécier l'attrait de cette touchante simplicité ; pour juger de la présence
d'esprit qui règne dans ces réponses ; de l'élévation qui se découvre dans ces maximes ; de la
netteté et de la précision qui accompagnent ces
explications ; de la profondeur et de la sagesse
qui brillent dans toutes ces décisions ; de la solidité et de la finesse qui font l'essence de toutes ces paraboles. Pour sentir, en un mot,
combien cette parole est celle d'un Dieu, il
faut s'en rendre l'examinateur. Appliquez-vous
à cette lecture, et là, sans avoir besoin de
cette immensité d'érudition qu'exigent ceux qui
veulent se donner une excuse pour ne pas croire,
vous êtes assuré que la religion triomphera.
Portez-y toutefois un cœur droit et sensible ;
et au sortir de cette méditation, vous aurez

acquis, en faveur de la Divinité de Jésus-Christ
et de ses dogmes, une preuve de sentiment plus
propre à convaincre que le meilleur traité fait
en ce genre. (*a*)

Nous avons vu dans un chapitre précédent
les opinions des plus célèbres philosophes grecs
sur le système du monde, et en général, sur
les opérations de la nature : je conviendrai que,
sur la morale, certains ont eu des idées moins
grossières, et qu'il en est, même, qui en ont
eu de sublimes. Mais si l'on remarque, par
exemple, que Platon qui s'est le plus élevé
en ce genre, avait eu un Héraclide pour son
guide dans la physique, un Pythagore pour
son maître en méthaphysique, et un Socrates
pour la morale, on sera moins étonné des progrès et des lumières que cet auteur *divinisé* a
fait paraître dans ses ouvrages. Outre ces grands
avantages, Platon avait long-temps voyagé, et
principalement enEgypte, où il avait visité tout

(*a*) Telle était l'opinion de *Jean-Jacques*, cet homme,
à la fois, si judicieux et si inconséquent: voici comment
il s'est exprimé dans une de ses lettres.

» Toutes les preuves de la vérité de la religion chrétienne sont contenues dans la *bible*. Ceux qui se mêlent
d'écrire ces preuves ne font que les tirer de là, et les
retourner à leur mode. Il vaut mieux méditer l'original
et les en tirer soi-même, que de les chercher dans le
fatras de ces auteurs. »

C'était là, effectivement, que cet écrivain avait puisé

ce que ce pays renfermait alors d'hommes illustres et célèbres par leurs connaissances. Socrates lui-même, qu'un philosophe de nos jours
a mis en parallèle avec Jésus, pour donner
plus d'éclat aux vertus de *l'Homme - Dieu* ;
Socrates, dis-je, avait eu un maître qui était le
fameux Archélaüs, et nous verrions aussi, qu'à
son tour, ce dernier avait étudié sous Anaxagore. Si nous remontions, enfin, aux premiers
de ces philosophes dont il ne nous reste que
les noms et quelques traditions incertaines ,
nous trouverions qu'ils n'acquéraient quelques
connaissances, ou le plus souvent quelques erreurs , qu'en voyageant chez différentes nations, et ramassant, à grands frais, les idées
disparates de tous les personnages un peu fameux qu'ils visitaient dans leurs voyages.

Mais, où Jésus a-t-il puisé cette profondeur
de doctrine, cette pureté de morale que le
monde n'avait jamais connue, et par laquelle
le monde a été changé ? ... Il a fallu les derniers efforts de la philosophie payenne pour

les beaux sentimens qu'il en a exprimés , lorsqu'il em-
ployait sa brûlante éloquence à peindre l'impression que
cette lecture avait laissée dans son ame. Quelle véhé-
mence ! Quelle vigueur d'expressions ! Fallait-il qu'un
philosophe doué d'une ame si pénétrable, d'un sentiment
si exquis, donnât lieu à composer contre lui une bro-
chure intitulée : *Jean-Jacques contredit par Rousseau*

s'élever à l'immortalité de l'ame ; et pour une telle vérité, nous voyons ces mêmes moralistes nous débiter mille absurdités ridicules. (*a*)

Une chose encore essentielle à remarquer, et qui distingue l'auteur de l'évangile de tous les moralistes qui ont pu le précéder, et venir après lui, c'est que tous ceux qui ont ouvert des écoles, ou composé des livres pour l'instruction des hommes, se sont presque toujours appuyés sur quelques autorités, et ont suivi dans leur doctrine une méthode sillogistique ou de démonstration que n'a jamais employée Jésus-Christ. Il parlera comme ayant autorité souveraine, et sans se borner à dire qu'il enseigne la vérité aux hommes, il n'hésitera pas à déclarer devant le Gouverneur romain qu'il est la lui-même la *vérité*.

(*a*) Quelle idée, par exemple, d'après la remarque d'un auteur moderne, aurions-nous aujourd'hui d'un philosophe tel que *Platon* qui viendrait nous dire que le monde est une figure de douze pentagones ; que le feu, qui est une pyramide, est lié à la terre par des nombres ; qui, pour prouver l'immortalité et la métempsycose de l'ame, nous dirait que le sommeil naît de la veille, et la veille du sommeil, le vivant du mort, et le mort du vivant, et mille autres chimères semblables.

Comme il est dit dans un excellent ouvrage : Platon parlait si bien qu'on ne pouvait pas croire qu'il pensât mal. On oubliait, en l'entendant, ses contradictions, le peu de suite de ses raisonnemens, ses écarts fréquens, etc. etc.

Les princes des prêtres, les docteurs de la loi imagineront les questions les plus captieuses pour venir les lui proposer en présence du peuple, et tirer avantage de son embarras ou de ses contradictions ; que recueilleront-ils de leur conduite perfide et astucieuse ?... la honte de se voir confondus par une sagesse qui les étonne et les réduit au silence.

Viennent enfin les dernières épreuves de la vertu d'un Dieu : autant on a remarqué en Jésus d'amour pour les hommes, autant les hommes lui témoignent d'ingratitude et de haine ; autant Jésus avait fait de bien à ce peuple, au milieu duquel il avait toujours vécu, autant ce peuple cherche à l'accabler de maux et le couvrir de malédictions. Trahi et livré par un de ses disciples, rénié et méconnu par celui qui lui avait témoigné le plus d'attachement, et abandonné de tous, Jésus est traduit devant un tribunal, pour être jugé et condamné comme un infâme criminel. Là, il ne trouve ni fidélité dans ses amis, ni vérité dans ses accusateurs, ni équité dans ses juges. Raillé et maudit de toute une nation, il se voit mis en parallèle avec un scélérat qui lui est préféré pour augmenter, s'il eut été possible, son humiliation et sa douleur. Une politique coupable et

lâche l'emporte sur la justice, son arrêt de mort
est prononcé. Tous les genres d'insultes et d'ou-
trages pleuvent alors sur sa personne ; il n'est
plus sur son corps un morceau de chair qui
ne soit déchiré ; et chargé du bois sur lequel
il doit expirer, il se traîne ainsi au calvaire
pour consommer le grand sacrifice qui doit réconcilier avec la Divinité l'homme que le péché
en avait séparé pour jamais. Enfin , Jésus ex-
pire, et la nature s'émeut. Où est l'homme capable de passer ainsi à travers un déluge de
tourmens et d'injures, sans laisser échapper un
murmure, sans donner le moindre empire à
l'humanité ? . . . . . (a)

____

(a) *Et la nature s'émeut* : oui , la nature entière a
rendu témoignage à la Divinité de Jésus-Christ. Tertul-
lien , dans son apol. ch. 21 , renvoie les payens aux
archives publiques, pour y trouver les ténèbres arrivées
en plein-midi le jour de la mort de Jésus-Christ. Jules-
Africain, Eusèbe et saint Jérôme dans leurs chroniques,
ont rapporté au temps de la mort de notre Seigneur,
une éclipse de soleil, dont parle Phlegon qui est, dit
cet auteur, la plus grande qu'on eût encore vue, puisque à l'heure de midi on distinguait des étoiles au ciel.
Cette éclipse qui arriva contre toutes les lois de la nature, puisque la lune était alors, en son plein, eut lieu
la quatrième année de la 102.e olympiade qui est celle
de la mort de Jésus-Christ.

On peut voir les preuves de ces vérités, (tirées, même, d'auteurs profanes,) plus amplement développées
dans les savantes dissertations faites, à ce sujet, par les
historiens ecclésiastiques , tels que Mr. de Tillemont,
Barronius et D. Calmet.

Il nous reste à examiner cette doctrine dans son rapport avec les gouvernemens et l'état civil de l'homme.

DE LA DOCTRINE CHRÉTIENNE.

Cette doctrine sera-t-elle, comme le proclament nos grands savans du jour, une école d'esclavage, un fanatisme pour les peuples, une institution uniquement propre à perpétuer un double despotisme (celui du trône et celui de l'autel.) Sera-t-elle, cette religion, un sujet de troubles pour les Etats, et de dangers pour les puissances ? Son caractère la rend-elle persécutante, et son objet est-il d'ébranler les empires ?

Suivons-la rapidement sous ces différens rapports, et voyons si elle peut être défendue victorieusement contre toutes ces banales accusations.

Si j'ai su, jusqu'ici, me faire une idée vraie de l'esclavage, je l'ai toujours fait consister dans l'état qui sépare l'homme d'avec l'homme ; qui, hors de la hiérarchie des pouvoirs qui constitue l'un au-dessus de l'autre, en faisant du premier un oppresseur et du second un opprimé. Rome, Athènes, Sparte, dans les plus beaux jours de leur liberté, m'ont donné de pareilles pareils exemples ; et quand je considère que les descendans d'un Sénateur formaient des patriciens, usant de droits et de distinctions que n'avait pas une famille plébéienne, je dis, qu'en dépit des Brutus et des Collatins, Rome ne connut pas la liberté. Puisons dans l'évangile, y trouverons-nous le germe de semblables maximes ?... Jésus-Christ, qui se dit le roi du ciel et de la terre, n'a établi parmi les hommes d'autre différence que celle qui se trouve entre le vice et la vertu. Il a voulu laver les pieds à tous ses disciples, pour leur apprendre à ne point s'élever les uns au-dessus des autres. Il leur dit, de plus, que la perfection consiste à se regarder comme le plus petit de tous, et prend la fuite quand, par ses éminentes actions, les Juifs veulent lui décerner le diadême. Sont-ce là, philosophes orgueilleux, des maximes dangereuses à répandre sur la terre de l'égalité ?... Allons plus loin.

Quels sont les caractères qui conviennent au fanatisme ? La fureur et la violence. Jacques *Clément* qui enfonce son couteau dans le sein du dernier des Valois, en croyant faire une action méritoire, est un fanatique que la société doit voir avec horreur ; mais quel rapport trouverez-vous entre un tel monstre et

Z

l'homme religieux qui, non-seulement fait profession de pardonner les injures, mais même
de prier pour ceux qui l'outragent et le per-
sécutent ? Peut-on assez admirer des préceptes
tels que celui-là : *le commandement que je
vous donne est de vous aimer les uns les autres, comme je vous ai aimés. Personne ne
peut avoir un plus grand amour que de donner sa vie pour ses amis.* (a) Est-ce là le langage d'un fanatique, ou est-ce un fanatisme
dangereux à répandre dans la société ? . . . . .

On ajoute : *cette religion n'est bonne que pour
les prêtres ;* mais c'est raisonner, à peu-près,
comme celui qui dirait que la Société humaine
n'est bonne que pour les notaires, parce que
ces officiers publics rédigent les conventions
des hommes, et en retirent une rétribution : il
est de droit naturel que chacun vive de son
travail, et quels sont les fonctionnaires publics
et civils auxquels ne pourrait pas convenir un
pareil reproche, quand ils perçoivent le salaire
que l'état leur accorde ? . . . .

Dira-t-on que la religion chrétienne soit sus-
pecte à l'autorité souveraine ? . . . . L'auteur de
l'évangile a formellement décidé qu'il fallait

____

(a) Jo. 18. 12, 13.

payer le tribut et être soumis à César , sans que César fût chrétien , ni qu'il eût envie de le devenir. Jésus - Christ a voulu lui-même reconnaître l'autorité civile, en donnant à Pierre la commission d'aller prendre dans la bouche d'un poisson le demi sicle qu'il fit donner à ceux qui percevaient l'impôt. Mais , que peut-on voir de plus exprès que ces passages ? *Que tout le monde soit soumis aux puissances supérieures ; car il n'y a point de puissance qui ne vienne de Dieu , et c'est lui qui a établi toutes celles qui sont sur la terre. (a)*

Il me vient ici une réflexion qui se rapporte à la pensée d'un ancien apologiste de la religion chrétienne, (Tertulien), et que je peux, avec avantage, appliquer aux circonstances d'où nous sommes sortis. Parmi les mille et une conspirations qui ont été découvertes ou déjouées depuis l'origine de notre révolution, s'en est - il trouvé une composée de gens connus dans le monde pour avoir de la piété, et professer les vrais principes du christianisme ? . . . . Le gouvernement a pris toutes les mesures qu'il a cru nécessaires, relativement au culte et à ses ministres, mais a-t-il jamais vu quelque germe de sédition s'élever et causer du désordre parmi

---

(a) Rom. 13. 1.

Z 2

les citoyens qui vraiment se nourrissent de principes religieux ? On a pu abuser, dans quelques circonstances, de la crédulité des simples, pour les égarer sous de vains prétextes, et les porter à de fausses démarches ; mais y aurait-il de la justice à juger de la chose par l'abus que des mal-intentionnés peuvent en faire ? (a). De quoi ne sont pas capables les hommes qui n'agissent que par impulsion ? En liant les temps présens à ceux de l'antiquité, nous pourrions ici invoquer l'histoire pour témoigner que les empereurs romains, même les persécuteurs, n'avaient ni de meilleures troupes ni de sujets plus fidèles que les chrétiens.

Voudra-t-on, enfin, faire à la religion chrétienne le reproche si usé d'être intolérante ?

____

(a) « Quelle est l'institution dont on n'ait jamais abusé ? « Quel est le bien qui ait existé sans mélange de mal ? » Quelle est la nation, quel est le gouvernement, quel » est le corps, quel est le particulier qui pourrait soutenir en rigueur la discussion du compte redoutable » que l'on exige des prêtres chrétiens ?

» Il ne serait donc pas équitable de juger de la religion chrétienne et ses ministres d'après un point de » vue qui répugne au bon sens. N'oublions pas que les » hommes abusent de tout et que les ministres de la religion sont des hommes. *Portalis* : disc. sur l'org. des cultes.

Ecoutons encore Lucien *Bonaparte*, dans son éloquent rapport sur l'organisation des cultes : « Opposera-t-on les abus de la religion à ses bienfaits ! » Hé de quoi n'abuse-t-on pas sur la terre ! L'hon-

Mais ne confondons pas, comme nous venons de le dire tout-à-l'heure, l'esprit ou la doctrine que cette religion nous dicte, avec les abus que des hommes coupables peuvent en avoir fait.... Est-ce raisonner d'une manière conséquente que d'attribuer aux chrétiens des excès qu'ils blâment encore plus fort que vous?....

Mais ce qui a, de tout temps, le plus révolté nos philosophes, c'est ce principe de foi catholique, qu'*hors de l'église, il n'est point de salut* : je conviens que la rigueur de ce dogme prête aux ennemis de la religion quelques raisons *spécieuses* pour soutenir qu'une telle maxime n'est pas d'accord avec les idées que l'on doit avoir de la justice. Cependant, quelque rigide que paraisse cette doctrine, on verra qu'elle est une suite nécessaire des principes que nous avons déjà posés; car, autrement, à quoi serait utile le grand mystère de la rédemption si, indifféremment, tout simulacre de religion pouvait conduire au salut?... Ou il est une véritable religion, ou tout ce qu'on nous dit, à

» neur produit les duels qui désolent les familles ;
» la gloire enfante les guerres qui désolent les na-
» tions ; au nom de la liberté quelquefois les pros-
» criptions se signent, les échafauds se dressent, et la
» religion fut souvent déshonorée par les inquisitions et
» le fanatisme. »

ce sujet, n'est que fables et ridicules superstitions. Dans le premier cas, c'est-à-dire, dans
celui d'une religion vraiment divine, à quoi ser-
virait que le Sauveur eût institué des sacremens, et se fût offert en sacrifice pour le salut des hommes, si de tels prodiges de l'amour
d'un Dieu pouvaient être indifférens pour
le salut ?... Il faut, alors, ou tout rejeter,
ou tout renverser, en disant que Jésus-Christ
n'est plus la porte par laquelle les brebis doivent entrer.

On pourra me répondre, je le sais, que ce
n'est pas en quoi consiste la difficulté, et qu'elle
se trouve uniquement à accorder la justice de
Dieu, avec la condamnation d'un homme qui
n'aura jamais entendu parler ni de Jesus-Christ,
ni de sa loi. Premièrement, en traitant une
matière si délicate et si pleine de mystères,
prenons garde de n'avancer ici aucun sentiment
qui ne soit orthodoxe ; mais, aussi, en nous
tenant sur nos gardes de ce côté, examinons
pareillement si les ennemis de la religion n'ont
pas souvent outré la doctrine de l'Eglise à
ce sujet.

D'abord, il est de foi catholique qu'un Payen,
à qui la loi de Jesus-Christ n'aura point été
annoncée, ne sera pas jugé par cette loi,

et que Dieu, tout absolu qu'il est, gardera avec lui cette équité naturelle de ne le pas condamner par une loi qu'il ne lui aura pas fait connaître. C'est un point de doctrine que j'ai vu admirablement développé dans un discours du père *Bourdaloue*, s'appuyant sur ce passage de l'Apôtre ; *quicumque sine lege peccaverunt, sine lege peribunt* : mais entrons plus avant dans la question.

Il est un oracle du Saint-Esprit contre lequel il n'y a pas à disputer ; il est clair, il est précis : *Si l'homme ne renaît de l'eau et de l'esprit, il ne peut entrer dans le royaume de Dieu.* (a) Vérité incontestable, et qui se rapporte évidemment à la nécessité du baptême ; mais, sans être profond Théologien, nous avons bien appris que l'Eglise admet un baptême de désir, et ce principe posé : Quel est l'être raisonnable qui, à l'aspect du grand ouvrage de l'univers, ne puisse pas naturellement s'éle- ver à l'idée d'un Dieu, infiniment bon, infini- ment puissant, devant lequel l'homme doit se prosterner ; et de cette première idée ou impres- sion, passer à cette seconde : *Je désirerais bien servir et honorer ce grand Être de la manière qu'il peut le vouloir, et comme il lui serait le plus agréable.* Il ne faut pas supposer, ce

____

(a) Joan 3.

semble, un grand effort de raison, ni une étonnante pénétration, pour tirer de l'esprit la première réflexion, et puiser dans le cœur le second sentiment. Est-il bien déraisonnable d'exiger d'un Être, doué de raison, la connaissance d'un Créateur que tout lui retrace?... Peut-il, cet homme, refuser son amour à un Être duquel il reçoit tant de biens, et dont il tient son existence et tout ce qu'il possède?...

Ce qui m'a toujours paru devoir donner beaucoup de force à mon opinion, (que j'entends, néanmoins, toujours soumettre à celle de l'Eglise) c'est un passage de St.-Paul qui semble écrit pour décider la question; cet Apôtre nous dit que, *lorsque les gentils qui n'ont point la loi, font naturellement les choses que la loi commande, n'ayant point la loi, ils se tiennent à eux-mêmes lieu de loi.* (a) Plusieurs anciens pères ont été frappés de ce texte, et semblent aussi avoir cru que les gentils *qui ont vécu d'une manière louable et réglée*, et qui ont observé la loi naturelle, ont eu part au salut.

Saint Justin le martyr, dans sa seconde apologie, soutient que les anciens Philosophes,

---

(a) *Cum enim gentes, quæ legem non habent, naturaliter ea, quæ legis sunt faciunt, ejusmodi legem non habentes ipsi sibi sunt lex.* Rom. ch. 2.

tels que Socrate , Héraclite , et autres qui ont vécu conformément à la raison , étaient déjà chrétiens , quoiqu'ils ne connussent pas Jesus-Christ.

Saint Clément d'Alexandrie , dans son liv. 6. des *Stromates* , avance que ceux qui ont vécu avant Jesus-Christ , ont eu deux moyens pour acquérir la justification ; savoir la loi et la *Philosophie.* Il dit de plus que les gentils qui sont sortis de ce monde avant la mort du Sauveur , attendaient dans l'enfer la venue de Jesus-Christ ou des Apôtres , et qu'ayant entendu leur prédication , ils crurent et furent sauvés. Sentiment qu'il a puisé dans la première Épître de St.-Pierre où cet Apôtre dit : *Jesus-Christ étant mort en sa chair , et s'étant réconcilié par l'esprit , alla prêcher aux esprits qui étaient en prison , qui autrefois avaient été incrédules.* (a)

Il est cependant bon d'observer que St.-Justin , ainsi que St.-Clément que nous venons de citer , avaient été l'un et l'autre Philosophes platoniciens , avant d'être convertis à la foi de Jesus-Christ. Néanmoins , ces deux Pères ne sont pas les seuls qui ont été de ce sentiment. Nous lisons dans St.-Augustin que l'ame

____

(a) 1. *Petri* 3. v. 19.

A a

de Jesus-Christ descendant aux enfers , délivra des tourmens celles que sa justice impénétrable aux hommes , jugea devoir en être délivrées.

Origènes, dans son ouvrage contre Celse, liv. 2. va encore bien plus loin : il est si favorable au Salut des gentils qu'il dit que l'ame de Jesus-Christ étant sortie de son corps , avait conféré avec les autres ames, pour convertir ceux d'entre les morts qui étaient les plus dociles , ou les plus propres pour certaines raisons à recevoir sa doctrine.

Mais St.-Grégoire de Nazianze (orat. 42.) parlant de la descente de Jesus-Christ aux enfers, laisse en doute s'il a sauvé tous ceux qu'il y trouva sans exception , ou seulement tous ceux qui avaient cru. (a)

Enfin, Saint Chrysostôme , (dans sa 37. homélie, *in Mat.*) croit que ceux qui sont morts avant Jésus-Christ, et qui pour cette raison n'ont pu parvenir à sa connaissance, s'ils ont abandonné l'idolâtrie pour ne connaître qu'un seul Dieu , et *s'ils ont mené une vie reglée*

(e) Il est curieux de connaître une remarque que fait Nicetas , qui a écrit sur le texte de ce père.

Il rapporte qu'un chrétien zélé s'étant un jour emporté contre Platon, le traitant d'impie et de méchant , la nuit suivante Platon lui apparut , et lui reprocha la manière dont il l'avait traité : *j'avoue, lui dit-il, que je suis un grand pécheur ; mais lorsque Jésus-Christ vint dans les enfers, je fus le premier qui crut en lui.*

et louable, auront part au bonheur du Ciel.

Tous ces sentimens, quoique dérivant d'autorités infiniment respectables, sont-ils orthodoxes?.... Il ne m'appartient pas de le décider. Dans toutes ces questions si fort au-dessus de la raison humaine, j'ai pour maxime cette belle pensée dictée par l'esprit saint : *qu'autant que les Cieux sont élevés au-dessus de la terre, autant les voies de Dieu sont élevées au-dessus des voies humaines.* (a)

Si nous nous sommes un peu étendus sur cette question, c'est pour répondre au reproche si usé, si répété, que les impies ont coutume de faire à la religion chrétienne, concernant ce point de doctrine. Reproche que Mr de Voltaire a fait sonner si haut, quand il a dit dans son Poëme sur la Religion naturelle, dédié au Roi de Prusse :

> Penses-tu que Socrate et le jeune Aristide,
> Solon qui fut des Grecs et l'exemple et le guide,
> Penses-tu que Trajan, Marc-Aurèle, Titus,
> Noms chéris, noms sacrés, que tu n'as jamais lus,
> Aux fureurs des démons sont livrés en partage
> Par le Dieu bienfaisant, dont ils étaient l'image ?
> Respecte ces mortels; pardonne à leur vertu;
> Ils ne t'ont point damné; pourquoi les damnes-tu ?

On répondra à Mr. de Voltaire que les chrétiens respectent la vertu par-tout où ils la voient; qu'ils ne damnent personne, et qu'ils

---

(a) Js. 33.

font profession de croire que Dieu a des voies impénétrables à l'homme pour sauver ceux qui méritent de l'être. Mais en nous prônant les vertus de ces héros du paganisme que nos philosophes mettent toujours en avant, leurs panégiristes devraient s'attacher à nous prouver que ces modèles de sagesse ont mené cette *vie réglée* et *louable*, exigée des pères qui sont les plus favorables au salut des Gentils. Qu'ils nous montrent que ces *Socrates*, ces *Aristides*, ces *Titus* et autres, ne se sont pas contentés de nous débiter de belles maximes, mais ont suivi exactement les préceptes de la loi naturelle; qu'ils nous montrent que ces philosophes n'ont point eu de Dieu une connaissance morte et stérile, mais qu'ils l'ont vraiment aimé; que le bien qu'ils ont fait, ils l'ont fait dans la vue de Dieu; qu'ils nous montrent que leurs actions ont été animées de cette charité, sans laquelle il est impossible de parvenir au salut; qu'ils nous montrent enfin que les Sénéques, les Socrates, les Platons, les Héraclites, ont connu, aimé et servi Dieu de cette manière, et je suis persuadé qu'il ne sera aucun théologien qui ose leur fermer l'entrée du Ciel. (a)

____

(a) On peut voir cette question traitée plus à fond, dans une savante dissertation de Dom Calmet faite sur le même sujet.

Du reste, la nature a ses mystères ; pourquoi la religion n'aurait-elle pas les siens ? Quelles sont, d'ailleurs, nos lumières pour pouvoir mesurer toute l'étendue de la justice divine, et raisonner sur ce qui en dépend ?... Dans cette question, comme dans beaucoup d'autres de cette nature, écrions-nous souvent avec l'apôtre : *O altitudo* ! ... Qui a connu les desseins de Dieu, ou qui est entré dans le secret de ses conseils ?

DES MIRACLES DE JÉSUS-CHRIST.

Il est beaucoup de vérités que le commun des hommes ne sauraient découvrir ni comprendre ; mais un miracle est du ressort des sens, respectivement à celui qui en est le témoin ou le spectateur. Jésus-Christ a-t-il fait de miracles ?.... Son histoire en est remplie, depuis sa naissance jusqu'au jour de son ascension glorieuse. Le livre qui les contient a-t-il pu être supposé, et les évangélistes peuvent-ils être taxés d'imposture à ce sujet ?.... Ce sera le premier examen auquel je me livrerai avant d'aller plus loin.

Je considère que dès les premiers siècles de l'église, du temps même des apôtres, il s'est élevé différentes disputes à l'occasion de ces miracles, mais ce que j'observe, en même-temps, et qui est ici très-essentiel, c'est que les ennemis des chrétiens n'ont jamais accusé les évangélistes d'en avoir imposé à cet égard ; ils ont voulu seulement expliquer la cause de ces miracles par les principes, ou , plutôt , les rêveries de leur philosophie : tel, entr'autres , *Appollonius* de *Thianes* qui, en philosophe Pythagoricien, voulait regarder Jésus-Christ comme une intelligence qui dominait sur les génies, par le moyen de la magie. Le fameux Celse, qui vivait dans un temps qui touchait presque à celui des apôtres (au 2.e siècle) est contraint, au rapport d'Origène, d'attri-buer les miracles de Jésus-Christ, à une vertu magique : lui, qui, auparavant, n'avait ja-mais voulu croire à la Magie !

Enfin , en consultant les ouvrages qui nous restent, relativement aux obstacles qu'eurent à surmonter les apôtres pour l'établissement de la religion , soit à Jérusalem, dans l'Orient , ou dans quelques parties que ce soit de l'em-pire romain, on ne voit point que les faits qu'ils faisaient servir comme de bases à la doctrine qu'ils voulaient établir, aient jamais été contestés ; d'où je conclus qu'il fallait que les miracles de Jésus-Christ jouissent alors d'un haut dégré de certitude et d'évidence, pour que des philosophes payens, et des chefs de secte éclairés, n'entreprissent jamais de les révoquer en doute.

En suivant le cours du temps, on voit qu'à mesure que la religion s'étendait, elle trouvait de plus grands et de plus nombreux antagonistes à combattre ; mais on remarque toujours le même silence sur les prodiges qu'attestaient les apôtres, comme témoins oculaires de tout ce qu'ils publiaient. Cependant, je tire de ces disputes deux réflexions également essentielles dans la discussion dont s'agit ici. La première me porte à considérer combien a dû être puissante la parole de Dieu qui, malgré tant d'obstacles, n'a pas laissé de triompher et d'établir par-tout son empire. La seconde de ces réflexions me fait juger que si les chrétiens avaient apporté quelques changemens essentiels au texte de l'évangile, ces altérations ne pourraient manquer d'être découvertes, en comparant ce texte aux fragmens qui s'en trouvent dans les différens ouvrages de controverse qui nous restent des premiers temps de l'église. Mais reprenons notre objet.

Si tous les miracles rapportés par les apôtres étaient de la nature de celui qui s'opéra
sur le Thabor, c'est-à-dire, que deux ou trois
personnes seulement en rendissent témoignage ;
j'avoue que pour y croire, il faudrait avoir une
grande confiance dans ceux qui s'en déclareraient
les garans ; mais ce ne sont plus des faits attestés de cette manière. Quand Jésus dit au
paralytique, *levez-vous, emportez votre lit et
allez en votre maison*; (a) il ne se cache pas,
et tout le peuple d'Israël pouvait connaître
l'état de cet homme. On voit même que dans
cette occasion, notre Seigneur avait pour objet de prouver par là, qu'en lui résidait la
puissance de remettre les péchés, de quoi les
Juifs paraissaient se scandaliser, quand il fut
dit au paralytique : *mon fils, ayez confiance,
vos péchés vous sont remis.* Il est si vrai que
ce prodige ne fut point opéré dans le secret,
qu'il est dit bientôt après que le peuple, voyant
ce miracle, fut rempli de crainte. (b)

Je vois ailleurs que Jésus nourrit quatre mille
hommes de *sept pains* et de quelques poissons ,
et qu'après que tous en eurent mangé, sans

____

(a) Math. ch. 9. 6.
(b) ib. v. 8.

compter

compter, est-il dit, les petits enfans et les femmes, il en resta sept corbeilles pleines de morceaux qui furent emportés. (a) Peut - on concevoir, et tombera-t-il jamais sous les sens que les évangélistes eussent rapporté de tels faits dans Jérusalem même, s'ils avaient pu être contredits sur des événemens si étonnans ? Et doit-on croire que les Juifs contemporains eussent manqué de relever de si étranges impostures ? .... Mais ne nous contentons pas de ces premiers exemples; prenons-en un avec toutes les circonstances de détail qui peuvent l'accompagner, et voyons, comme l'a très-bien observé le célèbre Rousseau, *si c'est ainsi qu'on invente* :

Quand Jésus-Christ ressussite Lazare, il le fait en présence de la famille de ce même Lazare, en présence de ses disciples, et de tous les Juifs qui, ce même jour, étaient venus de Jérusalem à Béthanie, pour voir et consoler Marie et Marthe. L'évangéliste commence par dépeindre la désolation où étaient ces dernières, ajoutant, toutefois, qu'elles étaient dans la persuasion que si le *maître* eut été là, leur frère ne serait point mort. Jésus arrive, et, à son

______

(a) Math. ch. 15. ⱴ 37.

Bb

approche, les Juifs sont émus de l'affection que le Sauveur témoigne envers Lazare, et se disaient entr'eux : *voyez comme il l'aimait* : (*a*) on en voit d'autres qui raisonnent sur cet événement, et disent à ce sujet : *ne pouvait-il pas empêcher qu'il mourût, lui qui a ouvert les yeux à un aveugle né*. (*b*) Enfin, nous voyons Marthe qui a de la répugnance à lever la pierre, aux ordres de Jésus, laquelle dit : *il sent déjà mauvais, car il y a déjà quatre jours qu'il est là*. (*c*) Sont-ce là des particularités qui portent le caractère de la vérité ? . . . . . Lazare sort à la voix de Jésus, et plusieurs des Juifs spectateurs crurent en lui, tandis que d'autres vont trouver les Pharisiens pour leur rapporter ce qui venait de se passer. Fixons nous ici sur la réflexion que font ces ennemis obstinés du Messie, au moment où ils apprennent l'événement que nous avons rapporté. Que faisons-nous, disent-ils ? Cet homme fait plusieurs miracles ; *si nous le laissons faire, tous croiront en lui*. (*d*) Lecteur qui voulez être pénétré de la force de la vérité, lisez, en entier,

---

(*a*) Jo, ch. 11. v. 36.

(*b*) Ib. v. 37.

(*c*) Ib.

(*d*) *Si dimittimus eum sic., omnes credent in eum.* Ib.

ce chapitre onzième de St. Jean, et vous juge-
rez que l'extrait que j'en ai fait, ne peut qu'affaiblir la conviction que ce récit laisse dans
l'ame, après que l'on a médité sur tout ce qui
a précédé, accompagné et suivi cette action.

Si je me suis un peu étendu sur ce prodige
relatif à la résurrection du Lazare, c'est en
considération de sa célébrité, ayant donné lieu
au conseil tenu par les Juifs où il fut arrêté de
faire périr Jésus. Pour analyser tous les autres
miracles attribués à cet Homme-Dieu, il faudrait se déterminer, en quelque sorte, à rapporter dans ce chapitre l'histoire entière de
sa vie. Ici, il donne la vue à un aveugle né ; là, il
commande aux vents et aux flots. Il ne sera point,
dans la Judée, d'infirmités qu'il ne guérisse ;
et que faut-il pour participer à ces soulagemens
miraculeux, qui ont rempli toute la nation de
ses bienfaits ?.... *s'adresser à lui, et avoir
confiance.*

Mais le plus grand de tous ces prodiges, celui qui est, à proprement parler, la preuve
de tous les autres, est sa *résurrection.* Aussi,
voyons-nous que c'est sur celui-là qu'insistent
davantage les apôtres, pour faire croire à leur
parole : *si le Christ n'est point ressuscité, disait le docteur des Gentils, notre foi est*

Bb 2

vaine ; (a) cette matière me semble épuisée, et ne me paraît plus susceptible de nouvelles preuves, d'après les grands maîtres qui l'ont traitée. Une telle considération me déterminera à ne pas même entamer cette discussion, tant je suis convaincu de l'inutilité d'une semblable entreprise. Je me contenterai seulement de rapporter qu'il existe un ouvrage, traduit de l'Anglais, intitulé : *les témoins de la résurrection de Jésus-Christ, examinés et jugés selon les règles du barreau* ; lequel ouvrage a été composé pour servir de réponse aux objections du fameux *wolston*, et de quelques autres auteurs de ce genre. Je crois pouvoir assurer que tout ce que le raisonnement anglais peut avoir de plus profond a été employé dans cet ouvrage, pour faire valoir les objections des incrédules contre le miracle de la résurrection ; mais la discussion judiciairement suivie, et les preuves de la résurrection *contradictoirement* établies, vient à la suite le rapport du président qui, après avoir balancé toutes les raisons des avocats plaidans, remet la cause aux jurés dont la déclaration est : *que les apôtres ne sont pas coupables de faux témoignage, dans le cas de la résurrection de*

____

(a) 1. Cor, 13. v. 14.

Jésus-Christ. Après la lecture de pareils ouvrages, on ne croit pas devoir rien ajouter à des preuves réduites en démonstrations. Cette matière va, d'ailleurs, recevoir un plus grand jour, par le développement de ce qui doit faire l'objet du chapitre suivant.

DE L'ÉTABLISSEMENT DE LA RELIGION CHRÉTIENNE.

Il ne s'était jamais offert au monde un spectacle, tel que le lui présentèrent quelques hommes obscurs que le monde n'avait jamais connus. Nous avons vu la Grèce peuplée, pendant plusieurs siècles, de philosophes qui purent, quelquefois, attaquer le polythéisme ; mais ce fut, toujours, avec ménagement, et sans oser ouvertement heurter les fausses opinions que le peuple s'était formées sur la nature de tant de Dieux différens. Lisez les écrits de ces moralistes fameux, vous y découvrirez, je le veux, quelques semences de vertu, mais l'homme s'y manifestera encore davantage. Par-tout vous sentirez la science qui enfle, et, à bien analyser ces sublimes maximes, vous voyez qu'elles tiennent moins à la morale, qu'à un orgueil philosophique qui cherche à se distinguer par une singularité d'opinions. Que produisirent enfin, ces écrits si vantés de tant d'hommes célèbres ? .... Nous sommes encore à savoir si, avec plus de lumières, le peuple d'Athènes ou de Lacédémone fut meilleur que celui de Rome ou de Carthage.

Ici, nous verrons toute autre chose pour instruire et réformer le genre humain. Une société d'hommes nouveaux, sans noms, sans crédit, ignorans, jusqu'alors, dans tout ce qui se rapporte aux sciences ou à la morale, va subitement se partager la terre, pour faire entendre aux hommes des vérités qui leur avaient été jusques-là inconnues. En vain, tous les philosophes se ligueront contr'eux ; en vain, leur propre nation conspirera leur perte ; en vain, toutes les puissances de la Gentilité n'auront à leur préparer que des tourmens inouis ; rien n'arrêtera leur zèle, ni ne pourra ébranler leur courage. Devant les rois, comme dans les aréopages, ils feront entendre les mêmes vérités ; et en dépit des philosophes, des empereurs et des bourreaux, l'univers sera changé.

Quel superbe spectacle de voir ainsi une poignée d'hommes, naguères sans talens et sans courage, livrer au vice et à l'idolâtrie un combat auquel nulle vertu humaine n'avait encore voulu s'exposer ! Les moyens ordinaires ne servent

pas ici à attribuer la palme aux vainqueurs :
c'est par la mort même que nos héros triom-
pheront ; et quand, aux yeux du monde, ils
paraissent vaincus par le fer qui les frappe ,
le sang même qu'ils répandent attire à leur
doctrine et à la foi les spectateurs que la parole de Dieu n'avait jusques-là pu émouvoir.
O Triomphe de la religion ! Que ceux qui s'obs-
tinent à méconnaître tes miracles, considèrent
celui que tu as nécessairement opéré pour vaincre l'univers , et placer sur le trône des Césars
les successeurs de tant de Martyrs que les tourmens et la mort ne purent, pendant trois siècles , ni pervertir ni effrayer ? (*a*)

Voudrait-on dire que les prédications de St.
Pierre , ainsi que les discours de St. Paul sont
autant de pièces controuvées , et inserées dans
l'histoire de l'eglise, pour faire croire à des
faits qui n'ont jamais eu de réalités ? Mais que
ne peut-on pas dire , en s'obstinant à nier les
choses que tout l'univers atteste ? Ne serais-
je pas aussi fondé à prétendre que Cicéron
n'a jamais vécu dans Rome ? à dire que les
Tusculanes ne lui appartiennent pas , et que

(*a*) On remarque, non sans admiration , que près
des trente premiers Papes ont rougi de leur sang la chaire
apostolique, où les avait élevés la sainteté la plus éminente.

c'est mal-à-propos que l'on nous débite qu'il eut la tête tranchée par ordre d'Antoine ? Que penserait-on d'un si étrange raisonnement ?.... Cependant, tous ces faits, dont personne ne doute, sont moins attestés que l'histoire de Jésus-Christ, écrite par les évangélistes.

Je veux ici me dépouiller de toute prévention, et me demander à moi-même : serait-il croyable, ou est-il seulement à présumer que, dans Jérusalem même, au milieu du peuple Juif, les apôtres eussent osé avancer, en présence de ces mêmes Juifs, des faits sur lesquels ils invoquaient leur témoignage ? Ecoutons St. Pierre, s'adressant aux habitans de Jérusalem, encore trempée du sang de Jésus-Christ. « O » Israëlites, leur dit cet apôtre, écoutez les » paroles que je vais vous dire : vous savez » que Jésus de Nazareth a été un homme que » Dieu a rendu célèbre parmi vous par les » merveilles, les prodiges et les miracles qu'il » a fait par lui, au milieu de vous.

» Cependant vous l'ayez crucifié, et vous » l'avez fait mourir par les mains des méchans, » vous ayant été livré par un ordre exprès de » la volonté de Dieu, et par un décret de sa pres- » cience. *Mais Dieu la ressuscité.* » etc. etc. (a)

____

(a) Act. 2. v. 22, 23 et 24.

Peut

Peut-il tomber sous les sens que les apôtres eussent pris ce ton et se fussent servis de semblables expressions, en présence de tout un peuple, qui aurait pu si facilement dévoiler de telles impostures ?..... Si vingt ou trente ans après la mort de leur maître, ces disciples eussent tenu un tel langage à deux ou trois cents lieues de Jérusalem, il serait très - raisonnable de concevoir des doutes sur les faits qu'ils mettent en avant, pour établir leur doctrine ; mais ici, ils tiennent une conduite différente : ils s'adressent à ceux qui pouvaient seuls, dans le monde, les démentir. Avons-nous, cependant, jamais appris que les Juifs aient contesté aux apôtres quelqu'un des faits sur lesquels ils s'appuyaient ? (a) .... Nous savons, au contraire, que cette première exhortation en convertit à la foi un nombre de trois mille qui, dans peu de temps, fut considérablement accru, et parvint à former l'église de Jérusalem, dont

---

(a) Voici la réflexion judicieuse que fait à ce sujet M. Racine dans son poëme, sur *la religion*.

« Les Juifs avouent qu'ils ont fait mourir J. C. dont les » miracles sont attestés dans le *Talmud*, pourquoi gardè- » rent-ils le silence quand les évangiles parurent ? Une » histoire qui déshonore une nation et n'est point contre- » dite par elle ; une histoire écrite par des témoins ocu- » laires, qui la scellent de leur sang, est une histoire » bien véritable. »

Ce

saint Jacques (le mineur) fut le premier évêque. (*a*) Ne sont-ce pas là des faits attestés par toute l'antiquité ? .... Quand nous voyons le même apôtre dire hardiment aux Juifs, que *Dieu avait ressuscité ce Jésus de Nazareth qu'ils avaient crucifié*, trouvons-nous dans tous les monumens qui nous restent de ce temps-là, qu'un si étonnant événement n'ait été que l'effet de l'imposture, ou que pour le démontrer, les Juifs en aient fourni quelques preuves satisfaisantes ? .... Qu'ont-ils avancé pour détruire cette assertion des apôtres ? ... Ils ont allégué que pendant que les gardes dormaient, les disciples étaient venus enlever le corps de leur maître. Mais en employant, à cette occasion, la réflexion d'un père de l'église : quelle foi doit-on ajouter au témoignage de gens qui déposent d'un fait, arrivé pendant qu'ils dormaient ? ....

Pour se former une juste idée des obstacles qu'eurent à surmonter les fondateurs de la religion chrétienne, il faut se reporter au temps où elle fut établie : voir, d'un côté, la faiblesse

---

(*a*) La vie de cet évêque parut si sainte, même aux ennemis du christianisme, qu'au rapport de l'Historien Joseph, Juif d'origine et auteur contemporain, on croyait que la ruine de Jérusalem n'était arrivée qu'en punition de ce que les Juifs l'avaient fait mourir.

Quel hommage rendu à la vérité par un Écrivain si intéressé ici à la déguiser !

apparente de ceux qui avaient à la défendre ; et de l'autre, les préjugés, les passions et la puissance des tyrans qui devaient la combattre. Prenons le monde dans l'état où il était à la naissance du christianisme.

Aucune nation ne connaissait Dieu, ou, pour me servir de l'expression d'un homme justement célèbre, on l'avait tellement multiplié que tout était Dieu, excepté Dieu même. Non-seulement les vices, mais les organes mêmes qui en présentaient les idées avaient leurs autels. Tout était si confondu, et le genre humain était parvenu à un tel degré de dépravation, que les actions les plus infâmes étaient souvent réputées pour des œuvres agréables à la Divinité.

Sera-ce des écoles de Socrate ou de Platon que nous verrons sortir des philosophes animés du louable motif de réformer la morale, et de donner à la terre une face nouvelle ?.... Non : si quelques hommes, dans la classe des savans, gémissent en secret d'un semblable abrutissement, ils en conféreront tout bas avec leurs amis, ou en parleront, avec discrétion, dans leurs écrits. Ils craignent d'être condamnés à avaler la ciguë, et tout en déplorant les dérèglemens des hommes, ils feront voir qu'ils sont hommes eux-mêmes, et songeront à leur propre conservation. Voilà la conduite des sages, avec leurs lumières; voyons celle des disciples de Jésus-Christ.

Il ne leur suffira pas de connaître le vrai Dieu, et de le servir comme il lui convient, et selon qu'il l'a prescrit : l'idée de leur propre félicité ne les contentera pas; il faudra qu'ils communiquent ces importantes vérités à tous ceux qui, pour ne les connaître pas, seraient privés des avantages que ces vérités procurent. En vain, auront-ils à braver la férocité d'un Néron, la cruauté et la barbarie d'un Domitien; en vain, auront-ils à traverser toutes les sanglantes persécutions que leur prépareront les Marc-Aurèles, les Maximins, les Déces, les Claudes et enfin les Dioclétiens; rien ne sera capable de les arrêter et de les forcer au silence. Mais qu'auraient pu les supplices sur des hommes qui avaient appris à considérer un échafaud, comme le trône où devait éclater la gloire d'un chrétien? Pour mieux se pénétrer des maximes qui dirigeaient ces hommes si extraordinaires, il faut écouter le langage qu'ils tiennent à ceux qui leur témoignent de l'affection, quand on veut les livrer aux tourmens : *si vous m'empêchiez de mourir volontairement*, écrivait saint

Ignace aux Romains , *vous m'aimeriez à
contre sens. Souffrez que je sois la pâture
des bêtes qui me feront jouir de Dieu ;* et
quand il parle à saint Polycarpe qui sut dignement marcher sur les traces d'un si grand homme, il n'est ni moins intrépide ni moins sage.
« Ne vous laissez point surprendre , lui dit-il ,
» par ceux qui paraissent dignes de foi, et qui
» enseignent des erreurs. Demeurez ferme com-
» me une enclume frappée : c'est le propre d'un
» grand Athlète *d'être déchiré et de vaincre.* »
Voilà comment se conduisaient les fondateurs
du christianisme. (*a*)

Après avoir considéré , jusqu'ici , les obstacles
divers qu'eurent à vaincre les propagateurs
d'une doctrine si nouvelle , dois-je croire que
des moyens humains auraient suffi pour la faire
triompher ! .... Si je voulais me laisser en-
traîner à cette idée , je devrais naturellement
les chercher , ces moyens , dans la force et la
puissance ; dans tout ce que je vois parmi les
hommes qui peut les contraindre ou les séduire.
Mais que trouverai-je dans les apôtres qui
tienne à ces puissans ressorts ? ...... Quand
Mahomet a voulu fonder une religion appro-

____

(*a*) On porte à onze millions le nombre des martyrs
qui ont répandu leur sang pour la foi, durant les treize
ou quatorze premières persécutions des Empereurs payens.

priée aux passions humaines , il a eu besoin ,
pour établir sa doctrine , d'employer le fer ,
et tout ce que pouvait avoir d'ascendant l'autorité souveraine. Je ne trouve , dès-lors, rien de
merveilleux dans cet ouvrage , si non l'audace
de l'entreprise. En me fixant , au contraire ,
sur la conduite des apôtres , je ne découvre
que des hommes simples , obscurs, sans aucun
appui humain , mais de mœurs irréprochables.
J'en conclus , donc , qu'ils durent mettre en
usage des moyens surnaturels , pour opérer
une révolution si étonnante.

L'histoire m'apprend que par-tout où ils por-
taient la loi de l'Evangile , ils donnaient pour
preuves de leur mission les prodiges les plus
inouis ; que les prisons et les chaînes étaient
autant de moyens inutiles employés pour les
arrêter dans leurs courses , et les exposer à
périr , avant que leur heure ne fût venue. Une
prière de ces hommes fervents suffisait pour
ébranler l'édifice où l'on prétendait les tenir
enfermés ; les portes de fer s'ouvraient devant
eux , et les Magistrats qui avaient voulu en
faire des prisonniers , étaient contraints à venir,
eux mêmes , les rendre à la liberté. (a) Voilà

____

(a) Act. 16. v. 39.

une partie de ce qui s'opérait en leur faveur, pour qu'ils ne fussent pas arrêtés dans leurs travaux apostoliques. C'était peu, pour eux, que de se rendre les protecteurs et les soutiens de leurs propres geoliers ; il fallait que ces derniers, témoins de tant de merveilles, finissent par devenir leurs prosélytes, et embrasser la foi de Jésus-Christ. (a)

Dans d'autres circonstances, ils ne se montrent pas moins puissans *en œuvres* que leur maître qui, en se séparant d'eux, avait voulu leur transmettre le pouvoir de commander à la nature. L'ombre seule de Saint Pierre guérissait les malades sur lesquels elle reposait. Enfin, tous les pays qu'ils parcouraient étaient remplis des prodiges que Dieu opérait par eux, pour être autant de preuves non récusables du secours surnaturel qui les assistait dans leur glorieuse entreprise.

Je sais que de tels rapports historiques seront regardés comme des rapsodies puériles, de la part de nos antagonistes qui trouvent plus simple de tout rejeter : en examinant, la vérité pourrait les offusquer ; mais, que dis-je ? pour voir cette vérité, Platon prétendait qu'on ne devait point chercher à la découvrir par des yeux corporels, et qu'il était nécessaire de pu-

---

(a) Act. 16, v. 33.

rifier son ame, pour comprendre les choses divines ; et partant du principe sublime de ce Philosophe, quelles dispositions devons-nous supposer dans la plûpart des ennemis de la religion ?.... Nous avons vu avec quels yeux l'auteur de *Zaïre* a considéré l'ecclésiaste, et le cantique des cantiques.

Mais, enfin, la foi n'a-t-elle jamais trouvé d'accès qu'auprès des personnes simples, et peu connues dans le monde ?.... Faudra-t-il, par exemple, gémir sur la faiblesse d'un Constantin qui, après s'être rendu par sa valeur le maître de l'Empire, va s'abaisser au point de baiser les plaies de ceux qui avaient confessé la foi de Jésus-Christ, pendant la persécution de *Licinius* ?.... Que penser de ce maître du monde, quand on le voit demander le baptême, et dans sa maladie, tous les sacremens de l'Église ?.... On pourra aisément former de grands raisonnemens sur la prétendue cause de sa conversion ; mais, est-il, du moins, bien constant que cette conversion a eu lieu. Or, doit-on croire qu'un Empereur éclairé, (*a*)

(*a*) On voit dans Eusèbe plusieurs preuves de son savoir. *Rien n'excite davantage les hommes vertueux et éclairés à bien faire*, disait cet Historien, *que quand ils savent que l'Empereur entendra ou lira leurs ouvrages.*

pourri

nourri et élevé dans tous les préjugés du paganisme, successeur de tant de Césars qui avaient voulu anéantir cette religion, au lieu d'en donner une idée relevée, vivant dans un siècle d'où il pouvait si facilement remonter à la source des choses ; doit-on croire, dis - je, qu'un homme ainsi préparé, un homme que l'histoire nous montre pour avoir été brave à la tête des armées, doux et affable envers ses sujets, la terreur de ses ennemis comme le protecteur des gens de lettres ; doit-on croire, encore une fois, qu'un tel homme se soit déterminé à se ranger du côté des chrétiens, alors si avilis, sans que quelque cause extraordinaire se soit mêlée dans cet événement ? ....(a)

Mais puisque nous en sommes à l'histoire des Empereurs, relativement à la religion chrétienne, examinons si ce que l'un aura paru favoriser ou établir, pourra si facilement être détruit par celui qui épousera un système opposé. Personne n'ignore que le fameux *Julien*, surnommé *l'apostat*, n'ait résolu, à quelque prix que ce fût, d'éteindre le christianisme :

(a) L'apparition de la croix miraculeusement apperçue de Constantin et de son armée, avec ces mots, *hoc signo vinces*, est un fait assez connu, pour n'avoir pas besoin, en quelque sorte, d'être rapporté.

D d

on sait même que cet Empereur, partant pour terminer la guerre contre les Perses, jura de ruiner l'église à son retour. Que produisirent ces Rodomontades sacrilèges? .... Ce prince, au rapport de l'histoire, s'engage sans cuirasse dans un combat où il commence par être dangereusement blessé, et levant le bras pour animer ses soldats, en criant, *tout à nous*, est frappé d'un dard qui le blesse à mort : voilà, aussitôt, non l'église ruinée, mais un prétendu philosophe qui, prenant dans sa main du sang de sa blessure, le jette contre le Ciel, en s'écriant : *tu as vaincu Galiléen.* (a)

Si un auteur Payen très-estimé (Ammien Marcellin) et un grand nombre de témoins irrécusables n'avaient rapporté le fait suivant, il serait permis à nos incrédules de le révoquer en doute ; mais en dépit de leurs dérisions, on peut avancer hardiment qu'il n'en est point de plus avéré dans toute l'antiquité. Ce même Empereur (Julien) ne perdant ja-

______

(a) Saint Jérôme, qui vivait du temps de cet Empereur, rapporte qu'au milieu des pleurs que sa mort fesait répandre aux adorateurs des Idoles, il entendit, de la bouche d'un Payen, le discours suivant : *comment les chrétiens peuvent-ils vanter la patience de leur Dieu ! Rien n'est si prompt que sa colère. Il n'a pu suspendre pour un peu de temps son indignation.*

mais de vue le but qu'il s'était proposé, imagina de convaincre de faux la prédiction de notre Seigneur sur le temple de Jérusalem, et entreprit de le faire rétablir, environ 300 ans après que Titus l'avait entièrement ruiné. Il n'en fallut pas davantage pour attirer à Jérusalem les Juifs qui croyaient toucher au moment d'un vrai triomphe. Tout est disposé pour l'entreprise, mais en ayant creusé les fondemens, il en sortit des tourbillons de flammes qui consumèrent les ouvriers et l'ouvrage commencé. On eut beau s'opiniâtrer, à diverses reprises, à poser les fondemens du temple ; tous ceux qui osèrent y travailler, furent dévorés par les flammes. C'est ainsi que fut accomplie la prédiction du Sauveur, et que furent confondus ceux qui avaient tenté de s'élever contr'elle.

Quand j'ai réuni tous ces faits, et que je les ai considérés sous le rapport qu'ils avaient avec une religion attaquant les passions et les vices des hommes, annoncée et soutenue par tout ce qu'il y avait de plus faible, et triomphant enfin, de tout ce qu'il y avait de plus puissant, j'ai cru devoir y reconnaître un caractère de Divinité qui m'a porté à l'embrasser. N'y aurait-il d'ailleurs que les grands sentimens qu'elle m'inspire, les idées sublimes qu'elle me suggère, les consolations que mon cœur y puise, tout en elle me la ferait croire divine. Je sens qu'hors d'elle mon ame nagerait dans un vide affreux qui ne pourrait qu'accroître mon malheur, sans me fournir les moyens de m'élever au-dessus de l'injustice et de l'infortune. Avec elle, je puis braver toutes les misères de la vie, et sans elle, je ne vois pas d'être qui soit plus à plaindre que moi.

Philosophes que les passions ou l'orgueil ont dépravés ou rendus si vains, complaisez-vous dans vos arides contemplations, et rassurez-vous, si vous le pouvez, contre les chances d'un avenir vers lequel vous courrez si inconsidérément : l'homme chrétien, en déplorant vos erreurs, se rit de votre folie, et s'appuyant sur des principes qui, déjà, lui font goûter le bonheur, jouit plus dans son cœur en faisant le bien, que tous ces prétendus heureux du siècle, s'enivrant des faux plaisirs du monde. (a)

(a) Ceux qui semblent les plus opposés à la gloire de la religion, a dit M. Pascal, n'y seront pas inutiles pour les autres. Nous en ferons le premier argument, qu'il y a quelque chose de surnaturel; car un aveuglement de cette sorte n'est pas une chose naturelle; et si leur folie les rend si contraires à leur propre bien, elle servira à en garantir les autres, par l'horreur d'un exemple si déplorable, et d'une folie si digne de compassion.

IDÉE GÉNÉRALE
DE LA RELIGION CHRÉTIENNE.

La religion, dans l'ordre moral, peut représenter ce que l'on appelle l'*axe* du monde dans l'ordre physique. Si, autour de celui-ci, tous les corps célestes sont supposés faire leurs révolutions; de même, je considère la religion comme une *colonne* autour de laquelle se font toutes les révolutions humaines, sans jamais l'ébranler.

Je vois la religion naître avec le monde, et Adam n'a pas plutôt péché, que la promesse d'un rédempteur lui est faite. Sous la loi de nature, sous la loi écrite, sous la loi de grâce, le vrai Dieu, le Dieu vivant aura toujours ses sacrificateurs. Abel offre les premiers nés de son troupeau, et sacrifie tout ce qu'il a de plus gras. (*a*) Noé, au sortir de l'arche, dresse un autel au Seigneur, et lui offre en holocauste de tous les animaux et de tous les oiseaux purs qu'il a conservés. (*b*) Aaron et tous les Lévites sont spécialement consacrés aux fonctions du sanctuaire. (*c*) Enfin, Jésus-Christ est le complément de tous les sacrifices; et après avoir

---

(*a*) Gen. 44.
(*b*) Ibid. 8.
(*c*) Nomb. 18. 12.

servi, à-la-fois, et de sacrificateur et de victime, établit ses Pontifes qui, depuis lui, se sont perpétués jusqu'à moi : ce dernier sacerdoce ne doit cesser qu'avec le monde.

Ainsi, remontant de Pie VII à Saint Pierre que Jésus-Christ avait établi lui-même, je vois la suite non interrompue de tous les chefs de l'église qui se sont succédés. A Jésus-Christ avait fini l'ancienne loi ; et si je veux connaître les Pontifes qui, depuis l'homme-Dieu, remontaient à Aaron, j'en trouve pareillement la suite, et cette histoire n'a rien d'obscur. Suis-je, enfin, curieux d'étudier la généalogie d'Aaron ? Tous ses auteurs me sont parfaitement connus jusqu'à Lévi, d'où il tirait son origine. De ce dernier, je remonterai par Jacob et Izaac à Abraham, et de celui-ci à Noé, sans trouver la moindre lacune. Enfin, de Noé, je m'attacherai à Adam par une généalogie si claire et si parfaitement établie, que, non-seulement, je connaîtrai tous les auteurs de Noé, mais je saurai même jusqu'au nombre d'années que chacun a vécu. (a) Car, d'après la remarque d'un homme célèbre, les écritures sacrées ont cela de particulier que, plus on s'enfonce dans

______

(a) Gen. ch. 5.

l'antiquité , plus on trouve de détails et de clarté dans ce qu'elles contiennent. Ainsi , je descends d'Adam à Pie VII par une suite d'hommes non interrompue , en traversant près de soixante siècles qui n'ont pu la couvrir de la moindre obscurité.

De grands Empires se sont élevés , et après avoir brillé quelques instans sur la terre , en ont disparu pour faire place à de nouveaux qui n'ont pas eu une plus grande stabilité : la religion a résisté à toutes les révolutions extérieures qui semblaient devoir l'éteindre sans ressource. Bien plus , elle a triomphé des attaques intestines dont ses propres ministres ne l'ont pas rendue exempte par les déchiremens , et les excès les plus inouis. (a) Le Dieu auquel sacrifiait Abel est le même qu'adorent les chrétiens , et les préceptes donnés aux Juifs dans le désert sont encore , aujourd'hui , les bases de la loi évangélique. Où sont vos temples Dieu de Baal , idole de Moloch , statue de Dagon ?.... Tous vos adorateurs sont confondus , et votre Empire est détruit. En vain , toutes les forces de l'orient se réunissent contre ce peuple nouvel-

---

(a) Faut-il ici rappeller la mémoire d'un Jules II , d'un Boniface VIII , d'un Alexandre VI. .... les schismes d'un Luther , d'un Calvin , etc. etc.

lement établi, et arraché à la dure servitude des Egyptiens ; en vain, ce puissant et formidable Empire des Assyriens tombe avec ses effrayantes armées sur cette race sortie d'Abraam ; de douze tribus, dix en sont séparées et tellement dispersées parmi les autres nations de la terre, qu'il ne reste plus dans leur patrie aucune trace de leurs noms ; en vain, Jérusalem est entièrement détruite, le temple brûlé, tous les forts et principaux de Juda emmenés captifs à Babylonne ; (a) en vain, toute l'impiété de la maison d'Achab et tous les vices d'une Jézabel passent sur le trône des rois de Juda, pour en exterminer la race dans les enfans d'Ochosias ; nous voyons cette trame de crimes retomber sur la tête de son auteur : l'ambitieuse et sanguinaire Athalie est mise à mort par ses propres troupes, et sur le trône qu'elle a usurpé, est élevé le fortuné mais peu reconnaissant Joas, parce qu'il est écrit : que de la tribu de Juda et de la race de David, sortira le rejetton qui doit réconcilier le ciel et la terre.

Arrive enfin ce libérateur promis, et le grand mystère de la rédemption s'opère. A sa naissance, l'univers est en paix ; toutes les nations ne for-

---

(a) 4. Rois 24. 25.

ment qu'un Empire, et c'est alors que la sagesse éternelle va se manifester aux hommes sous de nouveaux caractères ; les vérités les plus importantes sont révélées, et la morale acquiert son dernier degré de perfection. Si, dans les sacrifices de l'ancienne loi, le sang est mêlé partout, ici va être répandu celui de la vraie victime qui pouvait seul effacer la tache que le péché avait imprimée à la nature humaine. En cédant à son amour pour les hommes, Jésus-Christ, pour les sauver, va se livrer à une mort ignominieuse : mais, tout en s'y abandonnant, il vaincra cette mort, et ressuscitera. Ses disciples vont le revoir de nouveau, et pour ne laisser en eux aucun doute sur la vérité de sa résurrection, il mangera avec eux, et les forcera à enfoncer leurs doigts dans les cicatrices de ses blessures. Bientôt ces mêmes disciples reçoivent ses dernières instructions, et, témoins de son ascension glorieuse, ils s'en retournent à Jérusalem, comblés de joie et soutenus des plus magnifiques espérances.

L'effet des promesses qui leur avaient été faites ne tarde pas à être réalisé ; l'esprit vivifiant vient embraser cette sainte société, et en faire des hommes nouveaux. Aussitôt, ils étonnent le monde par les prodiges qu'ils opèrent ;

par les lumières qu'ils font paraître ; par le courage qui les soutient dans les tourmens ; et n'écoutant que l'impulsion de ce zèle ardent qui les dévore, ces hommes extraordinaires se partagent la terre pour aller prêcher une nouvelle loi, et révéler les mystères les plus importans. Ils sont prévenus sur la haine et les persécutions que devait leur attirer une doctrine si contraire aux passions humaines, mais ce présage n'a rien qui les détourne d'un ministère si périlleux : le martyre couronnera des vies aussi glorieuses, car c'est par le sang que devait être fondée et cimentée l'église de Jésus-Christ.

Cette église, ainsi établie, ne sera pas plus exempte de troubles et de persécution, que le fut, sous la loi écrite, le temple élevé par Salomon. Ces attaques tant de fois réitérées des Chaldéens et des autres peuples, ennemis des adorateurs du vrai Dieu, quoique souvent prévaricateurs, nous présageaient de loin, des attaques d'un autre genre qu'aurait à essuyer l'empire spirituel de l'église. Mais cette foi chrétienne, après s'être ainsi épurée à travers trois siècles de combats et de souffrances, en sortira triomphante, et ne paraîtra qu'avec plus d'éclat, pour, enfin, s'élever jusqu'au trône des

Césars. Le Dépôt qui a été confié aux apôtres nous sera transmis dans toute son intégrité, et tous les efforts humains réunis pour en effacer jusqu'à la mémoire, n'auront servi qu'à établir son triomphe, et à vérifier l'oracle : *que les portes de l'enfer ne peuvent prévaloir contr'elle.* (a)

Que n'a pas employé la puissance civile depuis Néron jusqu'à Constantin pour arrêter les progrès de cette doctrine, et que n'ont pas imaginé les philosophes de tous les siècles, pour en dénaturer l'essence et les maximes ? . . . . On a vu successivement s'élever dans l'église, parmi un grand nombre d'autres personnages

---

(a) Il me vient, à ce sujet, une réflexion qui me paraît propre à faire sentir combien l'œuvre de Dieu s'est manifestée dans un établissement, contre lequel tout semblait se réunir, et qui a triomphé de tous les obstacles : sans être savant dans l'histoire, on sait avec quelles précautions les Romains conservaient leurs livres des *Sybiles*, enfermés dans un coffre de pierre, déposés sous une des voûtes du Capitole, et confiés, dans les derniers temps, à la garde de quinze officiers, choisis parmi les personnes les plus considérables de la noblesse. On sait encore que ces livres mystérieux étaient consultés par ordre du sénat, toutes les fois qu'il s'élevait des séditions dans la République, ou qu'il arrivait des prodiges qui semblaient annoncer quelque grand malheur.

Où sont aujourd'hui ces recueils d'oracles ? . . . . Il n'en reste pas une trace ; et l'évangile annoncé par une poignée d'hommes, contre lesquels se sont élevés tous les philosophes et toutes les puissances de la terre, subsiste dans toute son intégrité.

Ee 2

animés d'un aussi mauvais esprit, un Celse,
un Montan, un Manès, un Arius, un Pélage,
un Nestorius, un Eutichès, un Bérenger, un
wiclef, un Luther, un Zuingle, un Calvin,
et enfin, sortir d'un sénat puissant des décrets
qui, sous une apparence de réforme, anéan-
tissaient cette puissance toute spirituelle trans-
mise aux apôtres et à leurs successeurs ; puissance entièrement séparée et indépendante,
dans son objet, des autorités temporelles.
Quelle a été la suite de toutes ces attaques ?....
Quelques efforts que les hommes aient faits
pour éteindre cette doctrine, la couvrir de ridicules ou l'accompagner de dangers, l'erreur a
été confondue et la vérité n'en a triomphé qu'a-
vec plus d'éclat. Ces novateurs déplorablement
fameux ont trouvé dans l'antiquité des Justins,
des Irénées, des Tertuliens, des Origènes, des
Cypriens, des Cyrilles, des Athanases, des
Jérômes, des Augustins, des Grégoires, des
Chrysostômes, des Basiles, des Ambroises,
des Léons et toujours cette colonne inébranlable
l'église, contre laquelle on a vu se briser toutes ces savantes subtilités qui, plus d'une fois,
ont remué le monde, sans jamais ébranler la
vérité ;

Enfin, de nos jours et sous nos yeux, nous
avons vu la providence susciter à la terre un

héros qui, par des exploits inouis, pût imprimer du respect aux nations, et la terreur aux méchans. Ce héros que son grand cœur exposait à tous les genres de périls, pour ne laisser aucun vuide à sa gloire, devait, par une main invisible, être protégé dans la fureur des combats, sur les mers comme sous le fer des assassins, afin de montrer à l'univers étonné le nouveau *Cyrus* que le Tout-Puissant avait prédestiné pour venger son nom et rétablir son culte.

Mais, après avoir considéré la religion chrétienne par les côtés qui établissent sa Divinité, examinons-la dans son rapport avec l'homme. C'est vous que j'interpelle, faux heureux du siècle, goûtez-vous le bonheur? Ambitieux que l'amour du pouvoir domine, avare que le désir insatiable des richesses tyrannise, voluptueux que les plaisirs plongent dans l'abrutissement ; vous tous, en un mot, qui établissez vos prétendues jouissances dans ce qui tient aux passions, pouvez-vous comparer votre état à celui du chrétien qui a un plein Empire sur son ame, qui considère les honneurs et les richesses comme la boue, sa vie comme un pélérinage, et son existence comme un souffle? Le premier sera l'esclave de ses passions, et le second fera consister sa gloire à les vaincre. Le premier ne vivra que dans un état continuel, ou d'agitation, ou de crainte, ou de convoitise; le second jouira d'un calme parfait, et son état sera celui d'une ame pure, d'une conscieuce sans reproche. L'un ne se trouvera jamais satisfait de ce qu'il aura, et désirera toujours davantage; l'autre s'estimera toujours heureux dans l'état où la providence l'aura fait naître, et n'en désirera jamais au-delà : les honneurs et les richesses seront pour lui des objets dangereux que l'on doit craindre plutôt que rechercher. Dans le premier, l'image de la mort viendra faire son tourment et empoisonner les plus doux momens de sa vie. Aux yeux du second, la mort sera le principe de sa vraie existence, et loin de s'en effrayer, il la considérera comme le terme de ses maux, et le passage d'un état malheureux à celui d'une félicité pure et sans mélange. Celui-là travaillera sans relâche à se procurer toutes sortes de plaisirs, et malgré ses précautions, il sera sujet à une infinité d'afflictions qu'il ne pourra ni prévoir ni éviter. Dans celui-ci, les afflictions et les souffrances se changeront souvent en délices, et loin d'être pour lui des sujets de douleur, elles lui serviront de consolation, en l'assimilant au Sauveur qui n'a voulu que souffrir. Si, dans la persécution, le premier se livre au désespoir, et se porte lâchement à un suicide, pour n'avoir pas le courage de supporter une disgrace; le second se félicitera d'avoir à souffrir pour la justice, et son état semblera l'élever si fort au-dessus de ses persécuteurs, qu'il aura à combattre le principe d'orgueil qui pourrait en dériver. C'est ainsi que dans l'esprit de la religion et le cœur d'un chrétien, les peines de la vie se changent en délices, et que chez l'homme du monde les délices finissent ordinairement par se changer en amertumes. (*a*) Voilà l'effet de la religion, et relativement aux misères humaines et à l'injustice qui domine, voilà ce qui me porte à la

____

(*a*) Voulez-vous voir comment l'aride philosophie est peu propre à élever l'ame, et nourrir le sentiment?.. Écoutons l'aveu que fait ici l'auteur d'*Emile*.

« Comment se pouvait-il, disait ce philosophe, qu'avec une ame naturellement expansive, pour qui vivre, c'était aimer, je n'eusse pas trouvé un ami tout à moi, un véritable ami; moi qui me sentais si bien fait pour l'être? Comment se pouvait-il qu'avec des sens si combustibles, avec un cœur tout pétri d'amour, je n'eusse pas du moins, une fois brûlé de sa flamme *pour un objet déterminé*? *Dévoré* du besoin d'aimer, sans l'avoir jamais pu bien satisfaire, je me voyais atteindre aux portes de la vieillesse, et mourir sans avoir vécu. »

Pour remplir un cœur si vuide et si *dévoré* du besoin d'aimer, Rousseau fut obligé, dit-il, de se jetter dans le pays des chimères: il imagina son roman d'*Héloïse*.

considérer comme le plus beau présent du Ciel, et la sauvegarde du malheur.

La secte des Esséniens, chez les Juifs, tenait que l'écriture sainte ressemblait à l'homme, c'est-à-dire, qu'elle avait un corps et une ame. Le corps de l'écriture était, selon eux, le sens littéral; et le mystique ou le caché en était l'ame : c'était en ce dernier qu'ils faisaient consister la vérité et la vie.

Dans l'étude de la religion, il faut, sur-tout, éviter toutes ces vaines questions de l'école qui ne sont que de curiosité, et autant de pommes de discorde jettées parmi les théologiens. Apprenons à distinguer ce qui est de foi d'avec ce qui ne l'est pas, et quand l'église aura prononcé sur le premier objet, ayons du moins la modestie de penser que ce qui a existé dans l'antiquité et de plus éclairé et de plus religieux, doit l'emporter sur notre propre sentiment ou interprétation. Il me souvient d'avoir, dans le temps, critiqué certaines matières en ce genre, que j'ai considérées différemment dans un temps postérieur : en voici un exemple qui fera sentir la différence qu'il y a entre juger selon la lettre, et juger selon l'esprit.

Il m'avait paru, en lisant les écritures, que Moyse avait été châtié trop sévérement pour avoir

avoir seulement *douté*, en frappant la pierre qui devait fournir de l'eau aux Israëlites : ce grand homme qui, pendant quarante ans, avait eu à essuyer tant de contradictions de la part de ce peuple inconstant et rebelle, devait - il ainsi, me disais-je à moi-même, être privé de la consolation d'introduire les enfans d'Abraam dans la terre promise, pour s'être rendu coupable d'un manque de foi, dans une action qui devait si fort la mettre à l'épreuve ? .... Je ne pouvais concilier, sur la même personne, tant de faveurs et de grâces avec l'exercice d'une justice aussi sévère ? Grand Dieu, m'écriais-je, où était alors cette miséricorde de laquelle un David et un Saint Pierre ont été si favorisés, pour des crimes qui paraissent bien moins excusables ? ...

J'étais dans ces sentimens lorsque, pour la première fois, je lus l'admirable discours de Bossuet sur l'histoire universelle, où cette circonstance est relevée en ces termes :

« Ce grand homme (Moyse) n'eut pas même
« la consolation d'entrer dans la terre promise :
» il la vit seulement du haut d'une montagne, et
» n'eut point de honte d'écrire qu'il en était exclu
» par un péché, qui, tout léger qu'il paraît,
» mérita d'être châtié si sévèrement dans un
» homme dont la grâce était si éminente. Moyse

F f

» servit d'exemple à la sévère jalousie de Dieu,
» et au jugement qu'il exerce avec une si ter-
» ble exactitude sur ceux que ses dons obligent
» à une fidélité plus parfaite.

» Mais un plus haut mystère nous est mon-
» tré dans l'exclusion de Moyse. Ce sage Légis-
» lateur qui ne fait, par tant de merveilles ,
» que conduire les enfans de Dieu dans le voi-
» sinage de leur terre , nous sert lui-même de
» preuve, *que sa loi ne mène rien à la perfec-*
» *tion* , et que sans nous pouvoir donner l'ac-
» complissement des promesses , elle nous les
» fait saluer de loin , ou nous conduit tout au
» plus comme à la porte de notre héritage :
» c'est un Josué, c'est un Jésus ; car c'était
» le vrai nom de Josué , qui par ce nom et
» par son office représentait le Sauveur du
» monde : c'est cet homme si fort au-dessous
» de Moyse en toutes choses, et supérieur seu-
» lement par le nom qu'il porte : c'est lui , dis-
» je , qui doit introduire le peuple de Dieu
» dans la terre sainte. »

Une telle explication , donnée par un tel maître , me servit de leçon pour être dans la suite
plus circonspect, en jugeant de semblables matières.

En effet, pour avoir l'intelligence des saintes

écritures, il faut savoir discerner cet *esprit* qui est toujours caché au-dessous de la *lettre*. Nous en avons un exemple bien frappant dans le discours que le Sauveur fesait aux Capharnaïtes, sur le sacrement de son corps : les auditeurs qui prenaient grossièrement les paroles de vie qui sortaient de la bouche de Jésus, ne comprirent rien à ce qu'il leur disait ; aussi ne furent-ils plus, dès-lors, propres à être les disciples de l'Homme-Dieu. Oui, le Saint-Esprit s'en est expliqué, et a déclaré formellement que l'homme *animal* n'entend rien aux choses de Dieu.

Mais après avoir vu de quelle manière le génie de Bossuet nous a dévoilé Jésus-Christ dans la personne et les fonctions attachées au ministère de Josué, reconnaissons, en général, que toute la loi écrite se rapporte à ce Messie qui nous était figuré par chaque patriarche, par chaque sacrifice, par chaque cérémonie, et que tout ceci n'était qu'une ombre et un type mystérieux qui nous annonçait quelque chose de plus parfait. Cette perfection se trouve dans la loi de grâce, loi d'amour, dont le cœur est l'objet, et comme l'a très-bien senti, et si magnifiquement exprimé Mr. Pascal :

« La Divinité des chrétiens ne consiste pas » en un Dieu simplement auteur des vérités

» géométriques et de l'ordre des élémens, c'est
» la part des Payens. Elle ne consiste pas sim-
» plement en un Dieu qui exerce sa providence
» sur la vie et sur les biens des hommes,
» pour donner une heureuse suite d'années à
» ceux qui l'adorent ; c'est le partage des Juifs.
» Mais le Dieu d'Abraam et de Jacob, le Dieu
» des chrétiens, c'est un Dieu d'amour et de
» consolation : c'est un Dieu qui remplit l'ame
» et le cœur qu'il possède : c'est un Dieu qui leur
» fait sentir intérieurement leur misère, et sa
» miséricorde infinie ; qui *s'unit au fond de leur*
» *ame* ; qui la remplit d'humilité, de joie, de
» confiance, d'amour ; qui les rend incapables
» d'autre fin que de lui-même.

   » Le Dieu des chrétiens est un Dieu qui fait
» sentir à l'ame, qu'il est son unique bien ; que
» tout son repos est en lui, et qu'elle n'aura de
« joie qu'à l'aimer ; et qui lui fait en même-
» temps abhorrer les obstacles qui la retiennent
» et l'empêchent de l'aimer de toutes ses forces.
» L'amour propre et la concupiscence qui l'ar-
» rêtent, lui sont insupportables. Ce Dieu lui
» fait sentir qu'il a ce fond d'amour propre, et
» que lui seul peut l'en guérir.

   » Voilà ce que c'est que de connaître Dieu
» en *chrétien*. Mais pour le connaître de cette
» manière, il faut connaître en même-temps sa

» misère, son indignité, et le besoin qu'on a
» d'un médiateur pour se rapprocher de Dieu
» et pour s'unir à lui. Il ne faut point séparer
» ces connaissances; parce qu'étant séparées,
» elles sont, non-seulement inutiles, mais nui-
» sibles. La connaissance de Dieu sans celle
» de notre misère fait l'orgueil. La connaissance
» de notre misère sans celle de Jésus - Christ
» fait le désespoir. Mais la connaissance de
» Jésus-Christ nous exempte, et de l'orgueil,
» et du désespoir, parce que nous y trouvons
» Dieu, notre misère, et la voie unique de la
» réparer. »

Vous, grands génies, qui vous parez du nom de philosophes, comparez vos froides et désespérantes spéculations, à la sublimité de ces maximes et à la douceur de ces sentimens !

En portant vos regards sur l'homme du peuple qui, dans la simplicité de son cœur, se borne à adorer et servir son Dieu, sans s'arrêter à former des raisonnemens contre lui, vous augurez de là que la religion est le partage des ignorans, et vous persuadez que de telles opinions ne sauraient trouver accès auprès d'une personne éclairée, capable de faire usage de sa raison : voilà un préjugé assez commun parmi nos incrédules, comme si le savoir et les talens ne pouvaient jamais se réunir avec des principes religieux, et un esprit soumis à la foi.

Mais, hommes qui raisonnez ainsi, et que l'apôtre St. Jude compare avec raison, à des arbres *stériles*, doublement *morts*, et *déracinés*, changez d'objet et vous changerez peut-être de manière de juger.

Parmi les personnages illustres qui ont fait honneur, ou disons mieux, qui se sont honorés dans la religion, je vous citerai, entr'autres, un St. Jérôme. Vous verrez ce célèbre docteur de l'église, né de parens distingués par leur rang, au sein du paganisme ; circonstance qui doit vous convaincre que les préjugés de naissance n'ont eu ici aucune part. Ce grand homme, cette lumière de son siècle, porte dans son ame le germe des passions les plus vives, et son génie peut être comparé à ce qu'il y a eu de plus élevé dans l'antiquité. Après avoir reçu une excellente éducation, dans laquelle n'entra jamais la plus petite instruction sur le christianisme, il est envoyé à Rome où il fait les progrès les plus rapides dans les lettres et l'éloquence..... Tandis qu'il étonne le monde par l'étendue de son érudition et le brillant de son esprit, il livre son cœur à tout ce que les plaisirs avaient de plus séduisant : on sait combien dans sa jeunesse les passions agitèrent son ame, et quels combats il eut à soutenir pour dompter son tempérament violent, jusques parmi les scorpions et dans les solitudes les plus profondes, où son ardente et fougueuse imagination le poursuivait sans relâche. Un homme d'une telle trempe et d'un esprit ainsi formé, paraît-il disposé à adopter des fables, et à rompre tous les liens qui l'attachent au monde, sans juger profondément les motifs qui doivent le déterminer ? . .. Cependant, ce grand génie ne balance pas, et abjurant ses erreurs, va s'enfoncer dans les déserts de la Chalcide. Dans cette affreuse solitude, il consacre ses talens et ses lumières à l'étude des saintes lettres et à la défense de la foi ; peu de personnes, avec une si mâle éloquence, ont fait paraître une érudition si vaste et si variée. Or, je le demande : quelle force de conviction ne fallait-il pas pour ébranler une telle ame, changer toutes ses affections, et la porter à embrasser un genre de vie si austère ?... En voudrez-vous faire une conquête de la grâce ?... Choisissez, ce sera toujours le triomphe de la religion.

L'histoire d'un St. *Justin*, qui vivait au second siècle, est assez connue. Il n'était pas, non plus que St. Jérôme, nourri dans les préjugés du christianisme, puisqu'il était un philosophe Platonicien ; on sait qu'il fut converti à la foi, par les persécutions qu'il voyait souffrir aux chrétiens avec tant de constance. Son savoir ni ses talens ne paraîtront pas équivoques à quiconque connaîtra et sera en état d'apprécier ses ouvrages.

Les mêmes réflexions pourraient s'appliquer à un St. *Augustin* et beaucoup d'autres saints et illustres personnages, aussi recommandables par leurs lumières que par leurs vertus ; et , d'après la pensée d'un orateur chrétien , disons que si nous sommes dans l'erreur , *il est glorieux de s'égarer avec de tels guides.*

Que si de pareils exemples sont trop éloignés des temps où nous vivons, fixez - vous sur des *Pétaus* , des *Mabillons* , des *Bossuets* , des *Bourdaloues* , des *Fénélons* , des *Massillons* , des *Fleurys* , des *Rollins* ; et combien d'autres devant les noms et le mérite desquels vous devriez vous prosterner ! Si, pour dernier retranchement, vous osez soutenir que tant de célèbres personnages ne tenaient à la chose que par intérêt, contemplez un *Pascal* , retiré du monde, et vivant dans un désert parmi d'illustres solitaires ; considérez qu'un *Racine* a voulu marcher sur les traces d'un si grand homme, et ne perdez pas de vue qu'un *Lafontaine* est mort couvert d'un cilice.

F I N.

TABLE

DES ARTICLES

CONTENUS DANS CET OUVRAGE.

TABLE

Fin de la table.